En

EDITADOS Y CON INTRODUCCIONES POR MARY-ALICE WATERS

Son los pobres quienes enfrentan el salvajismo
del sistema de 'justicia' en EE.UU.
LOS CINCO CUBANOS HABLAN SOBRE SU VIDA EN LA CLASE
TRABAJADORA NORTEAMERICANA (2016)

Absolved by Solidarity/Absueltos por la solidaridad
POR ANTONIO GUERRERO (2015)

Voces desde la cárcel: Los Cinco Cubanos
POR RAFAEL CANCEL MIRANDA, GERARDO HERNÁNDEZ,
RAMÓN LABAÑINO Y OTROS (2014)

Cuba y Angola: Luchando por la libertad de África y la nuestra
POR FIDEL CASTRO, RAÚL CASTRO, NELSON MANDELA Y OTROS (2013)

Las mujeres en Cuba: Haciendo una revolución dentro de la revolución
POR VILMA ESPÍN, ASELA DE LOS SANTOS, YOLANDA FERRER (2012)

La Primera y Segunda Declaración de La Habana
(2007)

Nuestra historia aún se está escribiendo
POR ARMANDO CHOY, GUSTAVO CHUI, MOISÉS SÍO WONG (2005)

Marianas en combate
POR TETÉ PUEBLA (2003)

De la sierra del Escambray al Congo
POR VÍCTOR DREKE (2002)

Playa Girón / Bahía de Cochinos
POR FIDEL CASTRO Y JOSÉ RAMÓN FERNÁNDEZ (2001)

Cuba y la revolución norteamericana que viene
POR JACK BARNES (2001)

Che Guevara habla a la juventud
(2000)

Haciendo historia
ENTREVISTAS CON CUATRO GENERALES CUBANOS (1999)

Pombo: A Man of Che's *guerrilla*
POR HARRY VILLEGAS (1997)

¡Qué lejos hemos llegado los esclavos!
POR NELSON MANDELA Y FIDEL CASTRO (1991)

**CUBA Y ANGOLA
LA GUERRA POR
LA LIBERTAD**

CUBA Y ANGOLA
LA GUERRA POR LA LIBERTAD

HARRY VILLEGAS
"POMBO"

Pathfinder

NUEVA YORK   LONDRES   MONTREAL   SYDNEY

Editado por Martín Koppel y Mary-Alice Waters

Copyright © 2017 por Pathfinder Press
Todos los derechos reservados conforme a la ley
All rights reserved

ISBN 978-1-60488-095-3
Número de Control de la Biblioteca del Congreso
(Library of Congress Control Number) 2016961461

Impreso y hecho en Estados Unidos de América
Manufactured in the United States of America

DISEÑO DE LA PORTADA: Toni Gorton
FOTO DE LA PORTADA: Helicóptero cubano en misión de apoyo durante la batalla de Cangamba, Angola, agosto de 1983. (Verde Olivo)
PÁGINAS DE FOTOS: Carole Caron

Pathfinder
www.pathfinderpress.com
E-mail: pathfinder@pathfinderpress.com

Tabla de materias

Abreviaciones   9

Acerca del autor   11

Introducción
    Mary-Alice Waters   15

Nuestro internacionalismo en África nació con la Revolución Cubana   29

La caída del imperio portugués y la derrota de la primera invasión sudafricana de Angola, 1975–76   37

UNITA y Sudáfrica: la guerra irregular, 1976–87   47

La batalla de Cangamba   61

Cuito Cuanavale, Calueque y la derrota del régimen del apartheid, 1987–91   73

Misiones internacionalistas en Etiopía y Mozambique   81

'La dirección de Fidel fue determinante'   87

Cronología   101

Glosario de individuos, organizaciones y sucesos   113

Índice   123

Mapas

África	25
Provincias de Angola	26
Angola	27
Angola, noviembre de 1987–abril de 1988	76

Fotos

Primera sección de fotos: después de la página	46
Segunda sección de fotos: después de la página	86
Harry Villegas en Angola, fines de años 70, y en entrevista en La Habana en 2009	10
Firma de acuerdo en Naciones Unidas, Nueva York, diciembre de 1988	78
Soldados cubanos en Etiopía, 1978	83
Miembros del Regimiento Femenino de Artillería Antiaérea, Angola, 1988	89
Raúl Castro recibe a combatientes cubanos, La Habana, 1989; da bienvenida a último grupo de internacionalistas que regresó, 1991	96

Abreviaciones

FAPLA	Fuerzas Armadas Populares de Liberación de Angola
FAR	Fuerzas Armadas Revolucionarias de Cuba
FNLA	Frente Nacional para la Liberación de Angola
FRELIMO	Frente de Liberación de Mozambique
MPLA	Movimiento Popular para la Liberación de Angola
PAIGC	Partido Africano para la Independencia de Guinea y Cabo Verde
RENAMO	Resistencia Nacional Mozambicana
SWAPO	Organización Popular de África Sudoccidental (*South West Africa People's Organisation*)
UNITA	Unión Nacional para la Independencia Total de Angola

Arriba: Harry Villegas, "Pombo" (centro, sentado), en Negage, Angola, entonces jefe de un regimiento cubano en la región norte de Angola, fines de los años 70.

Abajo: Durante entrevista en La Habana, en sede nacional de la Asociación de Combatientes de la Revolución Cubana, noviembre de 2009.

Acerca del autor

Harry Villegas nació en 1940 en el poblado de Yara, en las estribaciones de la Sierra Maestra en el oriente de Cuba. Siendo adolescente se sumó a la lucha contra la dictadura de Fulgencio Batista apoyada por Washington. Participó en actividades clandestinas en la ciudad de Manzanillo.

En 1957 Villegas se incorporó al Ejército Rebelde, donde formó parte de la Columna 4 al mando de Ernesto Che Guevara. Participó en numerosas batallas y combatió en la columna dirigida por Guevara que atravesó Cuba para iniciar un nuevo frente en la sierra del Escambray. En diciembre de 1958 participó en la batalla de Santa Clara, el último combate decisivo de la guerra revolucionaria.

Después de la caída de la dictadura batistiana el 1 de enero de 1959, Villegas fue jefe de la escolta de Guevara. En 1960–61 el gobierno revolucionario apoyó las masivas movilizaciones obreras que expropiaron las industrias en Cuba y las convirtieron en propiedad estatal. Trabajando al lado de Guevara, quien era ministro de industrias, Villegas asumió responsabilidades como administrador de fábrica, ayudando a dirigir al pueblo trabajador a reestructurar la producción industrial y colocarla sobre nuevas bases. Regresó al servicio militar activo al año siguiente.

En 1965 Villegas se ofreció como voluntario para una misión internacionalista en África. Formó parte del estado mayor de una columna de más de un centenar de cubanos que, al mando de Guevara, combatieron junto a fuerzas antiimperialistas en el Congo. Durante esta campaña Villegas recibió el nombre de guerra que ha usado desde entonces: Pombo.

Por todo el mundo, él es mejor conocido como uno de los revolucionarios cubanos que lucharon junto a Che Guevara en Bolivia en 1966–67, donde también fue miembro del estado mayor. El objetivo de esa campaña era dar inicio a una lucha revolucionaria por el poder en los países del Cono Sur de América Latina. Guevara cayó en combate en octubre de 1967, y Villegas comandó a los cinco guerrilleros sobrevivientes cubanos y bolivianos que eludieron el cerco tendido por el ejército boliviano y las fuerzas de inteligencia norteamericanas. Él y los otros dos cubanos lograron cruzar la frontera de Chile y llegaron a La Habana en marzo de 1968. Su relato sobre esta campaña, *Pombo: un hombre de la guerrilla del Che,* ha sido publicado por la Editora Política (español), Pathfinder (inglés) y Éditions Graphein (francés).

Durante la mayor parte de los años 70 Villegas fue jefe de la Brigada de la Frontera en Guantánamo. Esa unidad de las Fuerzas Armadas Revolucionarias (FAR) protege a Cuba en su frontera con la base naval estadounidense en la Bahía de Guantánamo, territorio cubano ocupado por Washington contra la voluntad del pueblo cubano por más de un siglo.

En 1977–79 Villegas ayudó a dirigir la misión militar voluntaria de Cuba en Angola, para defender este país recién independizado contra el régimen sudafricano del apartheid y sus aliados en Washington y otras potencias imperialistas. Fue jefe del Regimiento de Infantería Motorizada en la región norte, unidad cubana que colaboraba con el ejército angolano. De regreso en Cuba en 1979, comandó el regimiento de infantería motorizada de la División de Tanques de las FAR.

ACERCA DEL AUTOR

En 1981 Villegas fue designado enlace entre el alto mando cubano en Angola y el puesto de mando especial de las FAR en La Habana, encabezado por Fidel Castro. Tras la derrota decisiva de las fuerzas sudafricanas en la batalla de Cuito Cuanavale en 1988, él permaneció en Angola. Como jefe de operaciones de la misión cubana, ayudó a planificar la retirada de las fuerzas cubanas.

Después de regresar a Cuba en 1990, Villegas fue jefe de la Sección Política del Ejército Occidental de Cuba y miembro de la Dirección de Operaciones del Estado Mayor de las Fuerzas Armadas Revolucionarias. Fue miembro del Comité Central del Partido Comunista de Cuba de 1997 a 2011, diputado de la Asamblea Nacional del Poder Popular y vicepresidente ejecutivo de la Asociación de Combatientes de la Revolución Cubana. Fue designado asesor militar de la fiscalía general del país. Retirado del servicio activo, ostenta el grado de general de brigada.

Villegas ha recibido más de 50 condecoraciones, entre ellas cuatro órdenes al valor. En 1995 fue condecorado como Héroe de la República de Cuba, el más alto honor que otorga el Consejo de Estado del país.

Introducción

MARY-ALICE WATERS

Quien no esté dispuesto a combatir por la libertad de los demás no sería jamás capaz de combatir por su propia libertad.

FIDEL CASTRO
Pinar del Río, julio de 1976

Si nuestro pueblo se conoce mejor a sí mismo, si conocemos mucho mejor de qué somos capaces todos nosotros, ¡es también gracias a Angola!

RAÚL CASTRO
La Habana, mayo de 1991

ENTRE 1975 Y 1991, unos 425 mil voluntarios cubanos, organizados por la dirección revolucionaria de Cuba, cumplieron misiones en Angola. Fueron ahí en respuesta a una solicitud de ayuda del gobierno angolano. En 1975 el pueblo de ese país africano acababa de conquistar su libertad de Portugal después de casi cinco siglos de brutal explotación y dominio colonial. Ahora estaba siendo agredido por el régimen supremacista blanco en Sudáfrica y sus aliados africanos e internacionales.

El propósito de la misión cubana, que se extendió 16 años, fue de ayudar a Angola a defenderse y repeler decisivamente esta agresión militar apoyada por Washington. La misión concluyó solo después de que se propinara una derrota contundente a las fuerzas armadas del régimen del apartheid en marzo de

1988, en la batalla de Cuito Cuanavale en el sur de Angola, al mismo tiempo que una formidable agrupación de combatientes cubanos, angolanos y namibios se desplazaba al sur, hacia las bases del régimen sudafricano en su colonia, Namibia.

El gobierno en Pretoria, temeroso también de la lucha antiapartheid de masas que estallaba dentro de Sudáfrica misma, pidió la paz. Un acuerdo tripartita entre los gobiernos de Angola, Sudáfrica y Cuba, negociado durante cinco meses, fue suscrito en la sede de Naciones Unidas en Nueva York en diciembre de 1988. El pacto reconoció no solo la legitimidad y soberanía del gobierno angolano en Luanda, sino la independencia de Namibia. Dio mayor confianza a los trabajadores y jóvenes en Sudáfrica que luchaban contra el estado del apartheid.

Como expresó Nelson Mandela, dirigente central de la lucha para derrocar al régimen racista, al dirigirse al pueblo cubano y al mundo en julio de 1991, la derrota del ejército sudafricano en Cuito Cuanavale fue posible gracias a una contribución de Cuba "que no tiene paralelo". Fue "una victoria para toda África", dijo, "¡un punto álgido en la lucha por librar al continente y a nuestro país del azote del apartheid!"

Cuba y Angola: La guerra por la libertad es un relato de primera mano de esa histórica misión internacionalista en Angola, narrado por Harry Villegas, general de brigada en las Fuerzas Armadas Revolucionarias (FAR) de Cuba, mejor conocido en todo el mundo como "Pombo". Ese fue el nombre de guerra en swahili que le dio Ernesto Che Guevara. Pombo combatió al lado de Che durante una década, primero en la guerra revolucionaria en suelo cubano que en enero de 1959 derrocó a la dictadura de Fulgencio Batista apoyada por Washington, y después en misiones internacionalistas en el Congo y Bolivia.

Después de que Guevara cayera en combate en Bolivia en octubre de 1967, Villegas comandó a los cinco sobrevivientes del frente guerrillero de Che —dos bolivianos y tres cubanos— que eludieron al ejército boliviano y a las fuerzas norteamericanas de inteligencia durante cuatro meses. Villegas y los otros dos cubanos finalmente lograron escapar cruzando la frontera a Chile, y en marzo de 1968 regresaron a La Habana.

■

En abril de 1974 la dictadura fascista en Portugal, que tras 50 años estaba en profunda decadencia, fue derrocada en un golpe militar encabezado por jóvenes oficiales. Se desencadenó un ascenso revolucionario de los trabajadores y campesinos en ese país. El viejo régimen había enfrentado una creciente oposición dentro de Portugal, así como las luchas de liberación nacional que avanzaban en sus colonias africanas, especialmente en Guinea-Bissau. El nuevo gobierno en Lisboa se vio forzado a reconocer la independencia de todas sus colonias africanas.

A medida que se rompía el brutal dominio colonial de Portugal sobre su imperio africano, otras potencias imperialistas habían maniobrado durante años para apoderarse de lo que pudieran. Al acercarse el 11 de noviembre de 1975, el día de la independencia de la colonia portuguesa más grande y más rica —Angola— estas potencias aceleraron sus esfuerzos.

Apenas unos meses antes, en abril de 1975, las victoriosas fuerzas de liberación nacional en Vietnam habían expulsado a las tropas y personal estadounidenses de Saigón, que pronto fue nombrada Ciudad Ho Chi Minh. Ahora, encima de ese golpe al orden imperialista mundial, estaba en juego el porvenir de toda África austral, desde el Congo y lo que entonces era Rodesia (ahora Zimbabwe) hasta el Cabo de Buena Esperanza. Para Pretoria —que recibía aliento y apoyo militar solapado de Washington— estaba en jaque la supervivencia del mismo régimen del apartheid.

La primera invasión de Angola por tropas sudafricanas y zairenses comenzó en octubre de 1975. Columnas blindadas sudafricanas cruzaron la frontera desde sus bases en África Sud-Occidental (Namibia) y avanzaron hacia el norte. Una ofensiva militar se desplazó simultáneamente hacia el sur desde Zaire (Congo). La dictadura proimperialista de Mobutu en Zaire quería anexionar la provincia de Cabinda, con su riqueza petrolera, y tomar cualquier otro territorio angolano que pudiera arrebatar.

El objetivo de estas operaciones combinadas era conquistar Luanda, la capital, antes del 11 de noviembre para impedir la instalación de un gobierno encabezado por el Movimiento Popular para la Liberación de Angola (MPLA), el más fuerte de los movimientos anticoloniales y el que tenía la base de apoyo más amplia. Apenas una semana antes de las celebraciones programadas, Luanda estaba en peligro de caer.

La respuesta de la dirección del gobierno y del pueblo de Cuba ante la solicitud de ayuda del gobierno provisional de Angola encabezado por el MPLA fue inmediata y rotunda. En cuestión de horas se lanzó la Operación Carlota, nombrada así en homenaje a la africana que había dirigido dos rebeliones contra la esclavitud y la opresión colonial en Cuba antes de ser apresada y ejecutada brutalmente en 1843.

El día antes de la ceremonia de la independencia en Luanda, unos 200 voluntarios internacionalistas cubanos, recién desembarcados, se sumaron a los defensores angolanos. Juntos repelieron la columna que avanzaba hacia el sur desde Zaire y se encontraba casi a las puertas de la capital. El objetivo inmediato del régimen sudafricano y sus aliados imperialistas se vio frustrado.

Menos de cinco meses más tarde, ya con 36 mil voluntarios cubanos sobre el terreno, aliados a las tropas angolanas, las fuerzas militares tanto del régimen sudafricano del apartheid como de la dictadura de Mobutu habían sido expulsadas de Angola.

Pero eso fue apenas el comienzo.

Lo que siguió fue más de una década de lo que eufemísticamente se denominó "guerra de baja intensidad" contra el gobierno de Angola. Durante esa época las fuerzas sudafricanas realizaban frecuentes operaciones en lo profundo del territorio angolano para apoyar a la UNITA, el aliado angolano de Pretoria dirigido por Jonas Savimbi. La brutalidad de la guerra fue enorme: las bajas angolanas llegaron a sumar cientos de miles. Casi 2 100 cubanos también perdieron la vida en suelo angolano antes de completar su misión.

A fines de 1987, el ejército sudafricano comenzó su segunda invasión en gran escala con la esperanza de asestar una derrota aplastante a las fuerzas angolanas. Pero nuevamente el régimen del apartheid había calculado mal: los que sufrieron una derrota aplastante fueron ellos.

Las direcciones de Cuba y de Angola se habían puesto de acuerdo, según lo expresó el dirigente cubano Fidel Castro, de que había llegado la hora de "cortarles las manos" a Sudáfrica en Angola. Y eso fue lo que hicieron. La victoria, en marzo de 1988, en un poblado del sur de Angola conocido como Cuito Cuanavale retumbó por todo el mundo, y sobre todo en Sudáfrica. Como dijo Nelson Mandela, esa victoria "destruyó el mito de la invencibilidad de los opresores blancos".

Menos de dos años más tarde, Mandela, encarcelado más de 27 años por el estado del apartheid, salió en libertad. Ya para 1994 el régimen racista había dejado de existir y Mandela era presidente de Sudáfrica.

■

En mayo de 1991, el ministro de las Fuerzas Armadas Revolucionarias de Cuba, Raúl Castro, dio la bienvenida a la última unidad de los voluntarios internacionalistas que regresaban de Angola. "En los nuevos e inesperados desafíos", dijo al pueblo cubano, "siempre podremos evocar la epopeya de Angola con gratitud, porque sin Angola no seríamos tan fuertes como somos hoy".

No tardó en ponerse a prueba la verdad de esas palabras. Cuando la Unión Soviética y sus regímenes aliados en Europa oriental y central se desintegraron entre 1989 y 1991, desapareció un 85 por ciento del comercio exterior de Cuba casi de la noche a la mañana. Se paralizó la producción agropecuaria e industrial, el transporte, la generación de electricidad y mucho más. La Revolución Cubana hizo frente a la más severa crisis económica y política en su historia. Los enemigos de la revolución en todas partes del mundo comenzaron a preparar sus maletas, anticipando lo que creían que sería un regreso triunfal a La Habana.

Sin embargo, lo que triunfó fue más bien la creatividad y la constancia del pueblo trabajador de Cuba, que se organizó para producir y para defender su revolución socialista frente a todas las adversidades. Uno de los elementos que subyacieron esa victoria fue la confianza proletaria adquirida a lo largo de los años de la misión en Angola, así como el renacimiento simultáneo, a fines de los años 80, de un movimiento social de masas de trabajo voluntario en Cuba para construir viviendas, escuelas, clínicas, círculos infantiles y otras necesidades sociales.

Los cientos de miles de cubanos que habían protagonizado esta proeza en África regresaron con mucho mejor conocimiento del verdadero rostro de la explotación capitalista y la dominación imperialista. Y, según las palabras de Raúl, el pueblo trabajador cubano comprendía "mucho mejor de qué somos capaces".

No hay mejor expresión de la educación política y experiencia de liderazgo en combate adquirido por las nuevas generaciones de cubanos durante la misión angolana que el ejemplo ofrecido por los cinco revolucionarios cubanos que llegaron a ser conocidos en todo el mundo como los Cinco Cubanos. Arrestados en 1998 en Florida, donde estaban vigilando las actividades de organizaciones contrarrevolucionarias cubanas que planeaban ataques contra objetivos cubanos y estadounidenses, los cinco fueron encarcelados por la administración Clinton bajo cargos fabricados, incluyendo conspiración para cometer espionaje y hasta conspiración para cometer asesinato. Cada uno cumplió sentencias draconianas de hasta 16 años tras las rejas. Fue solo gracias a su propia firmeza y a los esfuerzos incesantes del gobierno cubano, junto con una intensa campaña internacional de solidaridad, que se logró su libertad y su regreso a Cuba, incluida la excarcelación de los últimos tres el 17 de diciembre de 2014.

Tres de los cinco —Gerardo Hernández, Fernando González y René González— habían cumplido misión en Angola. Sus relatos de primera mano se pueden encontrar en *Cuba y Angola: Luchando por la libertad de África y la nuestra*, publicado por Pathfinder. Para cada uno de ellos, como han explicado muchas veces, su participación en esta misión militar internacionalista fue una experiencia que les transformó la vida, y de la cual sacaron fuerza continuamente durante sus largos años de encierro.

■

Cuba y Angola: La guerra por la libertad por Harry Villegas no es un libro de memorias militares. Sí contiene impactantes descripciones testimoniales de momentos de combate y batallas decisivas en Cangamba y Cuito Cuanavale, entre otras. Sin embargo, su valor más grande radica en las lecciones políticas que transmite: lecciones que ante todo, como deja claro Pombo, le inculcó el Comandante en Jefe Fidel Castro, con quien trabajó durante esta misión por más de media década.

El general Harry Villegas cumplió tres misiones en Angola. Una fue de 1977 a 1979 como jefe del Regimiento de Infantería Motorizada en la región norte. Esa unidad cubana colaboró con el ejército angolano en operaciones de limpieza contra las fuerzas, apoyadas por Zaire, del FNLA de Holden Roberto.

De 1981 a 1988, Villegas fue enlace entre el mando cubano en Angola y el puesto de mando especial en Cuba de las FAR, encabezado por Fidel Castro. En el desempeño de esa responsabilidad, según lo describe Pombo en estas páginas, él fue ojos y oídos del mando central en La Habana. Viajaba constantemente entre los dos países, con la responsabilidad de mantener al estado mayor en La Habana informado con precisión y objetividad de todos los sucesos importantes en Angola y de transmitir fieles instrucciones al jefe de la misión en el frente de batalla.

Después de la firma de los acuerdos en diciembre de 1988, Villegas permaneció en Angola como jefe de operaciones de la misión cubana, siendo partícipe en la planificación de la retirada de las fuerzas cubanas. A su regreso a Cuba en 1990, fue jefe de la Sección Política del Ejército Occidental de Cuba, así como miembro de la Dirección de Operaciones del Estado Mayor de las Fuerzas Armadas Revolucionarias hasta retirarse del servicio activo.

Es sobre esta experiencia que Villegas basa su valioso relato, dirigido ante todo a la formación política de nuevas generaciones de combatientes revolucionarios.

■

Cuba y Angola: La guerra por la libertad es producto de varias entrevistas y discusiones con Harry Villegas realizadas entre

2009 y 2016. Cada sesión fue ampliando y aclarando detalles. Además, durante esos años decenas de libros con testimonios sobre la misión en Angola fueron publicados en Cuba por Verde Olivo, Editora Política y otras editoriales.

Entre los relatos de protagonistas de la misión angolana están los libros del general Ramón Espinosa, viceministro de las FAR; del general Raúl Tomassevich, quien en dos ocasiones fue jefe de la misión militar en Angola; de su ayudante, el teniente coronel José Gárciga; y del teniente coronel Jorge Martín Blandino. Estas obras y otras demasiado numerosas para mencionar resultaron indispensables para comprender los sucesos políticos y militares y para verificar nombres, fechas y otros datos.

Visiones de Libertad: La Habana, Washington, Pretoria y la lucha por el sur de África, 1976–1991, por Piero Gleijeses, publicado en Estados Unidos en 2013 y en Cuba en 2015, fue una fuente adicional de información valiosa.

Los editores de Pathfinder que entrevistaron a Pombo y colaboraron con él para completar su relato —Martín Koppel, Róger Calero y yo— estamos agradecidos por la generosa ayuda que recibimos de tantas personas, empezando con el mismo Pombo. También va un reconocimiento especial a Iraida Aguirrechu y a José Gárciga por toda su ayuda editorial, así como a las casas editoras Verde Olivo y Abril y al diario *Granma* por facilitarnos muchas de las fotos que aparecen en este libro.

Cuba y Angola: La guerra por la libertad está dirigido a los combatientes revolucionarios del presente y del futuro. Estamos seguros que les servirá mucho en las batallas por venir.

Diciembre de 2016

África

Angola

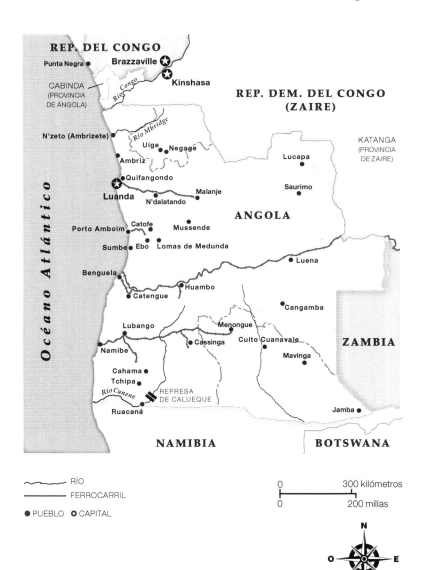

Nuestro internacionalismo en África nació con la Revolución Cubana

MARY-ALICE WATERS: En un acto de masas en la ciudad de Matanzas, Cuba, el 26 de julio de 1991, Nelson Mandela, dirigente de la lucha sudafricana por la libertad, rindió homenaje al pueblo cubano. Mandela había sido excarcelado apenas un año antes, después de pasar 27 años en las prisiones del régimen supremacista blanco del apartheid.

Permíteme comenzar leyendo unos párrafos de lo que Mandela dijo a las decenas de miles de cubanos congregados en Matanzas, y al mundo:

> Yo me encontraba en prisión cuando por primera vez me enteré de la ayuda masiva que las fuerzas internacionalistas cubanas le estaban dando al pueblo de Angola —en una escala tal que nos era difícil creerlo— cuando los angolanos se vieron atacados en forma combinada por las tropas sudafricanas, el FNLA financiado por la CIA, los mercenarios y las fuerzas de la UNITA y de Zaire en 1975.
>
> Nosotros en África estamos acostumbrados a ser víctimas de otros países que quieren desgajar nuestro territorio o subvertir nuestra soberanía. En la historia de África, es inédito que otro pueblo se haya alzado en defensa de uno de nosotros.

Sabemos también que esta fue una acción popular en Cuba. Sabemos que aquellos que lucharon y murieron en Angola fueron solo una pequeña parte de los que se ofrecieron como voluntarios.

Para el pueblo cubano, el internacionalismo no es simplemente una palabra, sino algo que hemos visto puesto en práctica en beneficio de grandes sectores de la humanidad.

Pombo, tú fuiste uno de los cubanos que dirigieron esa acción inédita que abarcó 16 años, de 1975 a 1991. En el transcurso de esos años, más de 400 mil cubanos y cubanas fueron a Angola como voluntarios internacionalistas. No solo ayudaron al pueblo angolano a defender su independencia contra las fuerzas invasoras del régimen supremacista blanco. Ayudaron al pueblo de Namibia a conquistar su independencia de Sudáfrica. Y sus acciones dieron un mayor ímpetu al ascenso revolucionario de masas del pueblo sudafricano que puso fin al régimen del apartheid.

En resumen, como afirmó Nelson Mandela en Matanzas en 1991, estas victorias, que fueron posibles gracias a la solidaridad cubana, cambiaron el curso de la historia en África y en el mundo. Sin embargo, hoy día es una historia muy poco conocida entre el pueblo trabajador y los jóvenes en Estados Unidos. Es poco conocida entre varias generaciones de jóvenes en África, e incluso aquí en Cuba el recuerdo de esos acontecimientos se va desvaneciendo.

¿Cómo empezó la participación de Cuba en la lucha por la liberación de Angola?

HARRY VILLEGAS: Tenemos que ver la misión cubana en Angola en un marco más amplio. Como dijera Fidel, para nosotros el internacionalismo es saldar nuestra deuda con la humanidad. Muchos cubanos descendemos de africanos. Mi-

> **Ser internacionalista es saldar nuestra deuda con la humanidad**
>
> Es conocido que Estados Unidos perdió prácticamente el sueño con esa osadía de que un pequeño país como Cuba fuera capaz de cumplir una misión internacionalista de esta naturaleza [en Angola]. El hecho de que un pequeño país del Caribe haya sido capaz de apoyar al hermano pueblo africano es algo que se sale de sus concepciones.
>
> Nosotros sabemos cómo piensan los pueblos africanos, y este es otro problema que pesa en la política de Estados Unidos. Los pueblos de África han visto en Estados Unidos un aliado del apartheid, responsable de la supervivencia del apartheid.
>
> Cuba no tiene ningún interés económico en Angola ni en África. Cuba está en Angola porque cumple con su deber de ayudar a los pueblos.
>
> Como hemos dicho otras veces, ser internacionalista es saldar nuestra propia deuda con la humanidad. Quien no sea capaz de luchar por otros no será nunca capaz de luchar por sí mismo.
>
> FIDEL CASTRO
5 DE DICIEMBRE DE 1988

les de africanos y sus descendientes participaron en nuestras luchas contra la esclavitud y por la independencia.

El internacionalismo cubano en África comienza con los primeros años de la Revolución Cubana. Comienza en Argelia. En 1961, cuando el pueblo argelino luchaba por su independencia contra Francia, Cuba les mandó por barco un cargamento de armas.

Argelia ganó su independencia en 1962. Lo primero que hicimos fue enviar médicos y otros voluntarios de la salud. Eso fue en 1963. Unos meses más tarde, cuando el régimen marroquí, apoyado por Estados Unidos, lanzó una agresión contra Argelia, mandamos soldados y equipo militar para defender al nuevo gobierno independiente. Ahí no tuvimos que combatir; nuestra estrategia fue la disuasión. Cuando los marroquíes se enteraron de que estábamos en Argelia se replegaron. Luego, cuando retiramos nuestros soldados, entregamos los tanques a los argelinos para su defensa.

Misión en el Congo, 1965

WATERS: Diez años antes de la misión internacionalista cubana en Angola, el dirigente revolucionario Ernesto Che Guevara comandó una columna de 128 combatientes cubanos que fue al Congo oriental para ayudar a las fuerzas independentistas que luchaban contra el régimen proimperialista en ese país.[1] Tú fuiste uno de ellos, y formaste parte del estado mayor.

VILLEGAS: A principios de 1965, mientras recorría varios países africanos, Che visitó Dar es Salaam, Tanzania. Ahí se reunió con dirigentes del movimiento revolucionario del Congo. Se acordó que Cuba enviaría instructores para apoyar ese movimiento. Che estuvo al frente de la columna, que combatió junto a esas fuerzas durante varios meses, de abril a noviembre de 1965.

Unas semanas antes, Che había visitado Congo-Brazzaville, donde se reunió con Agostinho Neto y otros dirigentes del

1. Dos países vecinos comparten históricamente el nombre de Congo. *Congo-Brazzaville* (oficialmente, República del Congo) se independizó de Francia en 1960. *El Congo* (conocido como Zaire entre 1971 y 1997, ahora República Democrática del Congo) se independizó de Bélgica en 1960.

MPLA (Movimiento Popular para la Liberación de Angola). Angola todavía era colonia portuguesa. Acordaron que Cuba daría entrenamiento militar a cuadros del MPLA en su lucha por la independencia.

Una columna de combatientes cubanos fue a Congo-Brazzaville en 1965. Estaba dirigida por Jorge Risquet; el comandante militar era Rolando Kindelán. Esta unidad ayudó a defender al gobierno de Congo-Brazzaville, amenazado por el régimen proimperialista de Mobutu Sese Seko en el Congo. También preparó a guerrilleros de lo que llegaría a ser las Fuerzas Armadas Populares de Liberación de Angola (FAPLA).

En Congo-Brazzaville se creó un centro de entrenamiento. Rafael Moracén estaba al frente del grupo de instructores cubanos. Prepararon dos destacamentos de angolanos que entraron a Angola para reforzar al MPLA.

La primera unidad, la Columna Camilo Cienfuegos, trajo una importante ayuda a los combatientes del MPLA en el norte de Angola. El segundo grupo fue capturado y diezmado por el FNLA (Frente Nacional para la Liberación de Angola), un grupo angolano apoyado por el imperialismo. Entre los combatientes del MPLA que mataron estaba Deolinda Rodrigues, que también era dirigente fundadora de la Organización de Mujeres Angolanas.

RÓGER CALERO: ¿Cómo valoras la experiencia de la columna de Che que fue al Congo?

VILLEGAS: El Congo fue una gran experiencia para todos nosotros. Fuimos ahí en abril de 1965, no para dirigir la guerra sino para instruir y asesorar a los combatientes congoleses en las zonas liberadas en el este del país. Junto a ellos hicimos emboscadas y sostuvimos varios combates importantes.

Pero era una situación compleja. Los dirigentes congoleses no estaban ahí con sus tropas; estaban en otros países. Al final ellos mismos decidieron terminar las operaciones de combate. Nos retiramos en noviembre de 1965.

WATERS: En su libro *Pasajes de la guerra revolucionaria: Congo*,[2] Che explica que antes de llegar ahí, él y el resto de la dirección cubana habían tenido muy poco conocimiento de las condiciones económicas y sociales en el Congo. Por ejemplo, dice que no sabían que en buena parte de África central la tierra no era propiedad privada. A diferencia de Cuba y del resto de América Latina, no existía —como fuerza motriz de la lucha de clases— un campesinado que luchaba por tierra para cultivar.

VILLEGAS: Sí, como señaló Che en su diario, en el Congo no había concepto de la propiedad de la tierra. El modo de producción y las relaciones entre las familias eran diferentes de lo que existía en Cuba y otras partes de América Latina. Había tribalismo. Una buena parte de la población respondía, más que a una nación, a su tribu y a las divisiones que el colonialismo había creado. Todas estas cosas hay que verlas concretamente. No hay un librito único para todo el mundo y para todo momento histórico.

Che llegó a la conclusión de que en esa parte de África aún no había condiciones económicas, sociales y políticas para una lucha revolucionaria contra el imperialismo, y que quizás no las habría hasta 20 años más tarde.

Un poco más de dos décadas después del acuerdo que hizo Che para ayudar al MPLA, se logró una victoria histórica cuando el ejército invasor sudafricano fue derrotado en Cuito Cuanavale en 1988 y se aseguró la independencia de Angola.

O sea, cuando Cuba respondió a la solicitud de Neto para enviar combatientes cubanos a Angola en 1975, ya teníamos

---

2. Ernesto Che Guevara, *Pasajes de la guerra revolucionaria: Congo* (Barcelona: Mondadori, 1999).

una historia de 10 años de colaboración con el MPLA. Ya habíamos estado en Angola cooperando en su lucha por la independencia.

MARTÍN KOPPEL: Después de las misiones cubanas en el Congo y Congo-Brazzaville, en 1966, internacionalistas cubanos se unieron a los combatientes en Guinea-Bissau en su lucha por la independencia contra el colonialismo portugués.

VILLEGAS: Sí, Cuba ayudó con instructores y combatientes hasta que Guinea-Bissau ganó la independencia en 1974. Ese apoyo tuvo una gran importancia. No te puedo hablar con muchos detalles de eso porque yo no estuve en Guinea-Bissau. Víctor Dreke fue jefe de la misión militar cubana allí y él habla de esto en su libro, *De la sierra del Escambray al Congo: En la vorágine de la Revolución Cubana*.[3]

Fidel y Che tenían una opinión muy alta de la dirección del movimiento por la liberación de Guinea-Bissau, de la grandeza de Amílcar Cabral como revolucionario y líder. El partido dirigido por Cabral, el PAIGC (Partido Africano para la Independencia de Guinea y Cabo Verde), era un movimiento bien definido, disciplinado. Se beneficiaron del apoyo sólido de Ahmed Sékou Touré, presidente del vecino país de Guinea-Conakry, que el PAIGC pudo usar como base de operaciones.

---

3. Publicado por Pathfinder en 2002.

La caída del imperio portugués y la derrota de la primera invasión sudafricana de Angola, 1975-76

WATERS: ¿Cuál fue la relación entre el avance de la lucha por la independencia de Guinea-Bissau y Cabo Verde y el colapso en 1974 de la dictadura fascista que estaba en decadencia en Portugal? ¿Qué impacto tuvo la victoria en Guinea-Bissau en las luchas por la liberación de las otras grandes colonias portuguesas en África: Mozambique y Angola?

VILLEGAS: La guerra en Guinea-Bissau fue un hito en la lucha anticolonial.

La derrota que el pueblo guineano le asestó al gobierno portugués fue el detonador de la llamada Revolución de los Claveles en Portugal. Las crecientes bajas que estaban sufriendo los portugueses en Guinea-Bissau, y el costo económico y moral que representaba ese conflicto para ellos, llevó al alto mando de las fuerzas armadas a la convicción de que no eran capaces de ganar la guerra. Tenían que quitar de en medio el obstáculo principal para resolver ese problema: la dictadura fascista, que había durado más de 40 años. Destituyeron en un golpe de estado al dictador Marcelo Caetano. Eso abrió paso al ascenso popular.

El nuevo gobierno concedió la independencia a todas las colonias africanas de Portugal: Guinea-Bissau, Cabo Verde, Santo Tomé y Príncipe, Mozambique y Angola. Habían estado bajo el dominio portugués durante 500 años. El gobierno firmó acuerdos para entregar el poder a la organización más fuerte en cada país. En Guinea-Bissau fue el PAIGC. En Mozambique fue FRELIMO (Frente de Liberación de Mozambique).

Pero en Angola había tres organizaciones en contienda. El MPLA, cuyo líder principal era Agostinho Neto, tenía una larga historia de lucha contra los portugueses. Era la organización que gozaba del apoyo más amplio entre la población.

El FNLA (Frente Nacional para la Liberación de Angola) y la UNITA (Unión Nacional para la Independencia Total de Angola) eran organizaciones proimperialistas. Ambas recibían ayuda de la CIA. La dictadura de Mobutu en Zaire respaldaba con tropas y armamentos al FNLA, cuyo jefe era Holden Roberto. La UNITA, encabezada por Jonas Savimbi, tenía el apoyo del régimen racista de Sudáfrica.

Cada una de las tres organizaciones angolanas tenía una base étnica diferente. El FNLA tenía influencia entre los bakongo, en el noroeste de Angola. El MPLA tenía su fuerza principal entre los mbundu, la etnia mayoritaria en la región norte-central. La base de apoyo de la UNITA era un poco más al sur, entre los ovimbundu.

Neto y demás altos dirigentes del MPLA pensaban menos en términos raciales que los otros dos grupos. El MPLA incluía a mestizos y trataba de ir más allá de las divisiones por tribu.

A principios de 1975 los portugueses firmaron un acuerdo con el MPLA, el FNLA y la UNITA —los Acuerdos de Alvor— para conceder la independencia de Angola el 11 de noviembre de ese año. Se formó un gobierno de coalición con representantes de los tres grupos.

Pero pronto estalló un conflicto armado entre estas organizaciones. El objetivo de cada una era tener el control de la capital, Luanda, el día que Portugal entregara el mando del país.

El MPLA tenía una fuerte base de apoyo en Luanda. El FNLA empezó a desplazar sus tropas hacia la capital desde Zaire y el norte de Angola. La UNITA tenía su base en Huambo, en el centro del país. Los militares sudafricanos empezaron a entrenar las fuerzas de la UNITA y del FNLA en el sur de Angola.

Cómo comenzó la misión en Angola

CALERO: ¿Cómo comenzó la misión militar cubana en Angola?

VILLEGAS: Neto le había solicitado a Cuba instructores militares para entrenar a las FAPLA (Fuerzas Armadas Populares de Liberación de Angola) y transformar la guerrilla en el ejército nacional del país. En agosto de 1975, una delegación cubana encabezada por el comandante Raúl Díaz Argüelles fue a Angola para hacer los preparativos.

Los primeros cubanos llegaron con la función de instruir. Las tropas de combate cubanas fueron enviadas a Angola solo después de la invasión sudafricana en octubre.

El mando de las FAPLA propuso que los instructores cubanos fueran dispersados, con pequeños grupos en cada provincia. Fidel tenía una concepción diferente, que resultó ser bien fundada: formar escuelas con por lo menos 70 combatientes cubanos cada una, o sea, unidades con suficiente capacidad de combatir de forma independiente, por si eran agredidas.

Los angolanos aceptaron la propuesta de Fidel y se crearon cuatro Centros de Instrucción Revolucionaria. Estaban en Cabinda, Saurimo, N'dalatando y Benguela. En total eran casi 500 instructores, mucho más que los 100 que nos había pedido Neto.

Casi la mitad de los instructores estaban en Cabinda. ¿Por qué? Porque la economía de Angola se sustentaba, y todavía se sustenta, en el ingreso del petróleo extraído en Cabinda.

Fidel señalaba que teníamos que mantener una fuerza importante ahí porque habría ofensivas de Zaire, y tendríamos que enfrentar condiciones más complejas allá que en el resto del país. Cabinda está separada del resto de Angola por una estrecha franja de territorio zairense que llega hasta la costa atlántica.

Los aviones con los instructores salieron de Cuba a principios de octubre. Por barco se enviaron armas y municiones. Desembarcaron en Punta Negra, Congo-Brazzaville y cerca de Porto Amboim, sobre la costa central de Angola.

El 14 de octubre de 1975 los sudafricanos —con el apoyo del gobierno norteamericano— invadieron Angola desde el sur, por la frontera con Namibia. Acompañados por tropas de la UNITA, hicieron un avance impetuoso hacia el norte, acercándose a Luanda.

Cuando los invasores llegaron a Catengue, cerca del centro de instrucción de Benguela, los soldados de las FAPLA y los instructores cubanos de esa escuela resistieron. Pero no pudieron contener el avance de los sudafricanos, que tenían la superioridad numérica y de armas. Las fuerzas angolanas y cubanas tuvieron que retroceder. Cayeron cuatro instructores cubanos: nuestras primeras bajas en Angola.

Fue entonces que el gobierno de Angola solicitó que Cuba mandara fuerzas de combate para ayudarlos a derrotar la agresión. La dirección nuestra respondió a la solicitud. El 5 de noviembre de 1975 se lanzó la Operación Carlota.

Unos días después llegaron los primeros refuerzos por avión, un batallón de Tropas Especiales del Ministerio del Interior. Y por barco un regimiento de artillería.

Los gobiernos imperialistas, para justificar su apoyo a los invasores sudafricanos, trataron de responsabilizar a la Unión Soviética por los internacionalistas cubanos que fueron enviados para defender Angola. En realidad, como ha ex-

Bautizamos esta misión
Operación Carlota

"En Cuba bautizamos la operación internacionalista con el nombre de 'Carlota', en homenaje a una excepcional mujer africana que en tierra cubana encabezó, siendo esclava, dos sublevaciones contra la opresión colonial y que —como pretendían hacer con Angola en 1975— fue descuartizada por los verdugos que lograron apresarla en su segunda intentona rebelde".

—*Raúl Castro*
27 de mayo de 1991

El 5 de noviembre de 1843, Carlota, una esclava en el ingenio Triunvirato cerca de Matanzas, Cuba, dirigió una sublevación de esclavos. La rebelión fue aplastada por tropas coloniales españolas y Carlota fue ejecutada.

plicado Fidel, la decisión cubana fue un acto independiente y soberano. Fue después y no antes de enviar a los primeros combatientes que Cuba notificó a la Unión Soviética.

Derrota de la invasión sudafricana

KOPPEL: ¿Qué pasó después de que llegaron las Tropas Especiales del Ministerio del Interior?

VILLEGAS: Al mismo tiempo que los sudafricanos avanzaban desde el sur, las fuerzas de Holden Roberto y los soldados zairenses se acercaban a Luanda desde el norte: estaban a solo 25 kilómetros de la capital. Un día antes de que se iba a proclamar la independencia de Angola, se produjo la batalla de Quifangondo.

En Quifangondo los artilleros cubanos estaban a cargo de las seis piezas de lanzacohetes múltiples soviéticos, los BM-21, que acababan de llegar por barco. Se mantuvo en reserva a las Fuerzas Especiales del Ministerio del Interior, recién llegadas a Luanda apenas unas horas antes.

Los BM-21 eran un arma que nunca habían visto los *fenulas* (así se llamaba despectivamente a los soldados del FNLA). El impacto de los cohetes los sacudió, y ellos retrocedieron en desbandada.

Así se impidió la entrada del FNLA a Luanda.

Al día siguiente, el 11 de noviembre, Neto proclamó la independencia de Angola, con un gobierno del MPLA. Hubo grandes celebraciones en el país.

Al mismo tiempo se dio la batalla de Cabinda, la región productora de petróleo, que había sido invadida por el ejército de Zaire. Las FAPLA y los instructores cubanos, al mando del general Ramón Espinosa, expulsaron a los zairenses de Cabinda.

Mientras tanto, el FNLA huyó hacia su capital en el norte, Carmona, hoy Uíge. A principios de enero de 1976, unidades angolanas y cubanas al mando del general Víctor Schueg Colás lanzaron una ofensiva en el norte. Tomaron Carmona y llegaron hasta la frontera con Zaire. Todas las fuerzas del ejército zairense y del FNLA fueron expulsadas del norte de Angola.

Es importante señalar que en 1965 Schueg había estado en el Congo con Che. Y el mismo año, como mencioné antes, Rafael Moracén había estado en Congo-Brazzaville entrenando a guerrilleros del MPLA. Ahora en 1975, Moracén estaba defendiendo Angola en Cabinda. Por eso digo que la columna de Che en el Congo y la columna en Congo-Brazzaville sentaron las bases para nuestra colaboración con el MPLA en la lucha por defender la independencia de Angola 10 años más tarde.

Después de impedir que las fuerzas de Zaire y del FNLA entraran a Luanda, y ahora que estaban siendo repelidas en el norte, lo más importante era asegurar que los sudafricanos no tomaran Angola. Una cosa era enfrentarse a Zaire, pero enfrentarse a Sudáfrica, con la fuerza y la experiencia de su ejército, era algo muy diferente.

En noviembre de 1975, tropas de la UNITA estaban avanzando con los sudafricanos hacia el norte. Pero realmente los sudafricanos eran la fuerza de choque que iba abriendo el camino. Venían con transportadores blindados, aviones y otra técnica muy superior a la que tenía la UNITA. Cuando los sudafricanos "liberaban" un pueblo, la UNITA se quedaba ahí como fuerza de ocupación y establecía su "gobierno".

Se dieron combates en el centro del país durante las últimas semanas de 1975. Las Tropas Especiales cubanas impidieron el avance de los sudafricanos en Porto Amboim. Nuestras fuerzas, al mando del comandante Díaz Argüelles, derrotaron a los sudafricanos en Ebo y otras batallas. En el combate de Catofe, el 11 de diciembre, cayó Díaz Argüelles.

> ## Mandela: Los cubanos hicieron una contribución sin paralelo
>
> Los internacionalistas cubanos han hecho una contribución a la independencia, la libertad y la justicia en África que no tiene paralelo, por los principios y el desinterés que la caracterizan. Desde sus días iniciales, la Revolución Cubana ha sido una fuente de inspiración para todos los pueblos amantes de la libertad...
>
> ¿Dónde está el país que haya solicitado la ayuda de Cuba y que le haya sido negada? ¿Cuántos países amenazados por el imperialismo o que luchan por su liberación nacional han podido contar con el apoyo de Cuba?...
>
> Nosotros en África estamos acostumbrados a ser víctimas de países que quieren desgajar nuestro territorio o subvertir nuestra soberanía. En la historia de África no existe otro caso de un pueblo que se haya alzado en defensa de uno de nosotros.
>
> NELSON MANDELA
MATANZAS, CUBA
26 DE JULIO DE 1991

En esa misma zona, en una de las batallas más heroicas, nuestros combatientes tomaron las lomas de Medunda de manos de los sudafricanos. Los sudafricanos y la UNITA contraatacaron. Las tropas enemigas ya estaban pegaditas a un pelotón nuestro de infantería. El jefe del pelotón ordenó que sus hombres se refugiaran en una cueva y que nuestros artilleros, detrás de la loma, dispararan contra la posición donde él estaba. Los artilleros vacilaron. El jefe repitió la orden. Abrieron fuego y el enemigo tuvo que retroceder.

Continuaron llegando miles de soldados cubanos a Angola. A finales de marzo de 1976 ya eran 36 mil. Junto a las FAPLA lograron derrotar a los sudafricanos y a la UNITA. Las tropas sudafricanas fueron expulsadas y las últimas cruzaron la frontera con Namibia el 27 de marzo de 1976.

Esta etapa de la misión culminó con la consolidación de una Angola independiente y un gobierno dirigido por el MPLA.

"El internacionalismo cubano comienza con los primeros años de la revolución".

Arriba: Congo, 1965. Ernesto Che Guevara (derecha) y otros voluntarios cubanos que apoyaron lucha contra el régimen proimperialista en ese país de África central.

Abajo: Congo-Brazzaville, marzo de 1966. Voluntarios cubanos entrenan a guerrilleros del MPLA para lucha contra el dominio colonial portugués en el norte de Angola. Una década más tarde, la ayuda cubana para defender la independencia de Angola se basó en esta historia de colaboración.

"La victoria en Guinea-Bissau detonó la revolución portuguesa en 1974. El nuevo gobierno cedió la independencia a todas sus colonias africanas".

Arriba: Multitud en Lisboa celebra caída de dictadura en Portugal, abril de 1974. Ya para noviembre de 1975, todas las colonias portuguesas en África se habían independizado.

Abajo: Combatientes cubanos en Guinea-Conakry, cerca de frontera con Guinea-Bissau, 1967. Víctor Dreke (segundo de la izquierda) encabezó primer grupo de voluntarios internacionalistas cubanos que participaron en guerra de independencia contra Portugal en Guinea-Bissau.

En octubre de 1975, tropas sudafricanas invadieron Angola desde el sur, mientras soldados zairenses y tropas del FNLA, apoyadas por Washington, invadieron desde el norte. Cuba envió a combatientes voluntarios para ayudar a defender al nuevo país independiente. Junto con el ejército angolano, lograron expulsar a los invasores para marzo de 1976.

Arriba: (de la izquierda) Los comandantes cubanos Raúl Díaz Argüelles, René Hernández Gattorno y Leopoldo Cintra Frías en frente de batalla cerca de Porto Amboim, región central de Angola, noviembre de 1975. Díaz Argüelles comandó fuerzas que frenaron el avance de los sudafricanos. Cayó en combate en diciembre de 1975. Uno de cada cuatro cubanos muertos en combate durante la misión angolana era un oficial.

Abajo: Luanda, 11 de noviembre de 1976. Celebración del primer aniversario de independencia.

"Había una gran diferencia entre el FNLA, cuyos soldados cometían abusos, y nuestro trato respetuoso a los civiles. Eso ayudó mucho a ganar el apoyo de la población".

Entre 1977 y 1979 Villegas fue jefe de un regimiento cubano que apoyaba el ejército angolano en el norte, donde derrotaron los restos de las fuerzas del FNLA. **Arriba:** En Negage, Harry Villegas (segundo de la derecha) saluda al ministro de defensa angolano Iko Carreira y a otros dirigentes angolanos.

Abajo: Residentes de Ambrizete, en la región norte, se congregan después de que tropas cubanas y angolanas expulsaran a fuerzas del FNLA, enero de 1976.

CIENCIAS SOCIALES

"Después de que el ejército del apartheid fue expulsado de Angola en 1976, la UNITA, apoyada por los sudafricanos, libró una guerra irregular durante años".

VERDE OLIVO

El gobierno angolano organizó unidades irregulares para combatir bandas de la UNITA y pidió ayuda a Cuba. "Nuestra dirección envió a oficiales que habían participado en la lucha que derrotó a bandas contrarrevolucionarias en Cuba en los primeros años de la revolución", dice Villegas. El general Raúl Menéndez Tomassevich, quien se había ganado el respeto de los angolanos, dirigió ese esfuerzo.

Arriba: Operación de peine contra fuerzas de UNITA. **Abajo:** Tomassevich (derecha) saluda al presidente angolano Agostinho Neto, fines de los años 70. A la izquierda está Iko Carreira, ministro de defensa angolano.

> "Confío en el valor insuperable de ustedes y les prometo que los rescataremos cueste lo que cueste".
>
> —Fidel Castro
> Mensaje a combatientes cubanos y angolanos en Cangamba que resistían el cerco de la UNITA y de los sudafricanos, agosto de 1983

VERDE OLIVO

El 2 de agosto de 1983, tropas de la UNITA con apoyo sudafricano atacaron el poblado de Cangamba, en el sureste. Ante fuerzas muy superiores, las tropas de FAPLA y los asesores cubanos, escasos de alimentos, agua y municiones, resistieron el ataque durante una semana. El mensaje de Fidel Castro "elevó mucho la moral", dijo Villegas.

Esta página, arriba: Combatientes cubanos heridos son evacuados después de que se rompiera el cerco del poblado.

Página opuesta, arriba: Helicóptero cubano en misión de apoyo durante la batalla. "Desde Menongue enviamos aviones constantemente para dar protección a nuestras tropas. Nuestros pilotos cumplieron cientos de misiones".

Izquierda: Combatientes cubanos y angolanos celebran victoria en Cangamba.

"La misión cubana ayudó a consolidar la economía de Angola. Miles de cubanos ayudaron con la cosecha de café en los primeros años. Algunos fueron choferes de camiones y estibadores que ayudaron a sacar la cosecha para Luanda y cargarla en los barcos".

INSTITUTO CUBANO DE RADIO Y TELEVISIÓN

EDITORA POLÍTICA

En el transcurso de 16 años, además de los 375 mil combatientes, unos 50 mil se ofrecieron como maestros, constructores, trabajadores de la salud y en otras tareas esenciales. Las misiones generalmente duraban dos años.

Arriba: Instructores cubanos capacitan a choferes de camión angolanos en labores de reconstrucción después de la guerra de 1975–76.

Abajo: Maestra voluntaria cubana Lucía Matalón con estudiantes en hogar para huérfanos en Luanda.

UNITA y Sudáfrica: la guerra irregular, 1976–87

WATERS: Tu primera misión a Angola fue desde marzo de 1977 hasta mediados de 1979. ¿Cuáles fueron tus responsabilidades?

VILLEGAS: Cuando llegué, ya habían sido expulsados los ejércitos de Zaire y de Sudáfrica. En el norte las FAPLA estaban consolidando sus posiciones. Nuestras fuerzas protegían a Angola contra cualquier amenaza del régimen de Zaire de invadir nuevamente. Todavía había algunas tropas del FNLA, pero ya no controlaban ciudades, solo algunos poblados. De vez en cuando atacaban una hacienda o un pobladito. El FNLA se estaba desintegrando. Donde más acciones hubo fue en la zona de Malanje.

Yo fui designado jefe del Regimiento de Infantería Motorizada Norte, la unidad cubana que apoyaba a las FAPLA en la región que hoy abarca las provincias norteñas de Uíge, Zaire, Cuanza Norte y Malanje. Nuestro estado mayor estaba en el pueblo de Negage, que en la época colonial había sido una base aérea portuguesa.

Desarrollamos varias acciones combativas contra el FNLA. En dos ocasiones resulté herido.

CALERO: Fidel y Raúl han explicado muchas veces que en Cuba durante la guerra revolucionaria, el Ejército Rebelde siempre trató con respeto a la población civil y a los soldados de la dictadura de Batista que eran capturados. Esa siempre ha sido la posición política de la dirección cubana. ¿Cuál fue tu experiencia en Angola en ese sentido?

VILLEGAS: Lo mismo pasó en Angola. Muchos soldados del FNLA y de Zaire se entregaron a nuestras fuerzas porque sabían que tratábamos bien a los prisioneros. Había una gran diferencia entre el FNLA —los abusos que cometían— y nuestro trato respetuoso a la población civil. Eso ayudó mucho a ganar a la población para el MPLA.

Hubo un caso en que un piloto cubano bombardeó por equivocación un caserío en un *quimbo*, una aldea, y murieron unos civiles. Fidel insistía en que el piloto fuera juzgado en Angola bajo las leyes de ese país. Neto dijo que no lo había hecho adrede, y no juzgaron al piloto.

La posición de nuestro gobierno era que en cualquier caso como ese los cubanos implicados debían ser juzgados en Angola. Es todo lo contrario del gobierno norteamericano. Cuando Estados Unidos interviene en otros países, pide inmunidad para sus fuerzas, las cuales bombardean y matan a civiles impunemente.

Sí, ese piloto cubano se había equivocado. Pero habían muerto civiles.

Fidel ordenó que el piloto fuera retirado de la guerra. Él decía que la guerra va influenciando la sicología del ser humano. Su interacción con la muerte puede ir quitando un poco de su valoración de la vida; uno empieza a habituarse a la muerte. Fidel quería evitar por todas la vías que nos fuéramos a deformar síquicamente y nos convirtiéramos en gente para la cual la vida no tuviera valor.

Esa era también una de las razones por las que Fidel decía que no participáramos en una guerra fratricida. Él explicaba que el papel de Cuba era defender a Angola contra invasiones extranjeras. Combatiríamos al ejército sudafricano. Tendríamos asesores militares ayudando a las fuerzas angolanas. Pero eran las FAPLA las que estarían combatiendo a las bandas de la UNITA y del FNLA.

No íbamos a participar en una guerra entre angolanos. Tampoco podíamos permitir que la gente nuestra se insensibilizara a la muerte, que se convirtiera en una máquina de matar.

Yo mismo vi cómo el FNLA usaba a la población civil como escudos humanos. En una ocasión las FAPLA estaban llevando a cabo una ofensiva contra bandidos del FNLA. Participé al frente de un batallón que avanzó desde Negage. Y nos encontramos que los bandidos habían cogido a la población civil como rehenes. Pusieron delante a mujeres y niños para impedir que tiráramos. Sabían que, con la sensibilidad humana que tienen los revolucionarios, no les íbamos a tirar a los civiles. Los del FNLA aprovecharon el momento y se escaparon por el río.

En otra oportunidad, íbamos un grupo de cubanos en dos helicópteros. El FNLA le tiró con ametralladoras al primero, que se estrelló contra unos árboles. Yo estaba en el segundo helicóptero y bajamos a buscar a nuestros compañeros. Pero ya estaba cayendo la noche y no los encontrábamos. Cuando volvimos al día siguiente, encontramos que los cadáveres estaban picoteados a machete por el FNLA.

Después se lanzó una operación defensiva con varios batallones cubanos y de las FAPLA que destruyeron las bases del FNLA en la zona de Uíge.

Intento de golpe contra el presidente Agostinho Neto

WATERS: En mayo de 1977, poco después de que tú llegaras a Angola, se produjo un intento fallido de derrocar al gobierno de Agostinho Neto. Fue organizado por Nito Alves, un dirigente del MPLA. ¿Qué pasó y cuál fue la respuesta de los internacionalistas cubanos?

VILLEGAS: Nito Alves era ministro de gobernación y organizador del MPLA. Tenía una fracción dentro del MPLA, y había ubicado a su gente en todas las provincias como comisarios políticos y en otros cargos directivos. En el golpe también participaron el jefe del estado mayor de las FAPLA, Monstruo Inmortal [Jacob Caetano João], y otros dirigentes del MPLA. La Novena Brigada de las FAPLA se alzó con los nitistas. Los golpistas ocuparon la emisora nacional de radio, la jefatura de la policía, las cárceles y otros objetivos en la capital.

Los nitistas aprovecharon una debilidad en la capital provocada por la invasión de Katanga —una provincia de Zaire— dos meses antes por un grupo de exiliados katangueses que estaban basados en Angola. Los katangueses cruzaron la frontera para promover un movimiento de secesión en esa provincia. A solicitud de Mobutu y con el apoyo de los franceses y norteamericanos, el gobierno de Marruecos envió una unidad de tropas a Zaire para defender al régimen de Mobutu. Los exiliados katangueses fueron expulsados nuevamente hacia Angola.

Para defender a Angola e impedir que penetraran tropas zairenses por la frontera, desplazamos hacia el este un regimiento de infantería dirigido por el general Enrique Acevedo que estaba en Luanda.

Por lo tanto, estaba reducida la fuerza cubana para participar en la defensa de Luanda cuando los nitistas dieron el golpe de estado. En la capital quedaban algunas unidades cubanas, incluyendo un grupo de asesores encabezado por Rafael Moracén que formaban parte del batallón de seguridad del presidente de Angola.

En coordinación con el mando cubano en Luanda, nuestro personal expulsó a los golpistas de todos los puntos que habían tomado. Una unidad del batallón de seguridad presidencial, al mando de Moracén, recuperó la radio nacional. Moracén cogió el micrófono y anunció que Neto seguía siendo el presidente; al calor del momento, lo dijo en español.

El golpe fue derrotado ese día, prácticamente sin derramar sangre. Después los asesores cubanos fuimos con las FAPLA cogiendo presos a los que habían participado en el golpe. En algunas provincias tuvimos que reforzar a jefes militares que empezaban a tambalearse un poco. Al jefe de las FAPLA en Carmona se le aflojaron las patas. Yo lo llevé al regimiento cubano para protegerlo, hasta que cogimos a los golpistas.

Nito Alves se fugó y se internó en el norte. Unas semanas después, un grupo de cubanos que asesoraban al Ministerio del Interior lo localizaron y lo entregaron al gobierno.

WATERS: ¿Cuál fue la causa del golpe? ¿Cuáles eran las diferencias políticas entre Alves y la dirección de Neto?

VILLEGAS: Fue producto de las ansias del poder. Nito Alves quería sustituir a Neto. Hasta donde yo conozca, no era por diferencias ideológicas. Pero sintió que tenía la simpatía de los soviéticos y eso lo envalentonó.

La lucha contra la UNITA

CALERO: Después de que fue derrotada la primera invasión y comenzaron las operaciones para expulsar al FNLA del norte, ¿qué estaba pasando en otras partes del país?

VILLEGAS: El ejército sudafricano se retiró de Angola en marzo de 1976, pero la guerra continuó de manera encubierta. Se infiltraron instructores sudafricanos para entrenar a las tropas de UNITA en el sur de Angola, y también las entrenaron en el norte de Namibia. La UNITA continuó sus ataques.

En respuesta a esta situación se organizó el Regimiento para la Lucha Contra Bandas Mercenarias. Tenía su sede en Huambo, en la región central, y colaboraba con las FAPLA en operaciones contra la UNITA. En el sur de Angola había tropas regulares cubanas, cuya misión era proteger al país de las incursiones sudafricanas.

Poco después de que yo llegué a Angola en 1977, el general Raúl Menéndez Tomassevich asumió el cargo de jefe de nuestra misión militar. Durante los dos años siguientes las FAPLA, con los asesores cubanos, llevaron a cabo una ofensiva contra la UNITA e impidieron que controlara alguna posición de importancia.

La UNITA era un enemigo más fuerte que el FNLA. Era una guerrilla con una organización sólida, que recibía dinero y armamentos de los gobiernos de Sudáfrica y Estados Unidos. En cada región que controlaban tenían una estructura militar y una estructura de gobierno. Crearon una red de caminos.

En una determinada etapa, la UNITA controlaba unas grandes minas de diamantes en Lucapa, en la provincia de Lunda Norte. Desde un aeropuerto ahí, sacaban los diamantes directamente para Europa. La explotación del diamante les dio grandes fuentes de ingresos.

La UNITA, como mencioné antes, se apoyaba en los ovimbundu, la etnia más grande en algunas partes del centro de Angola. En su lucha por el poder, Savimbi promovía una política reaccionaria. Decía que se proponía crear un "estado negro" en Angola. Criticaba al MPLA porque en sus filas no solo había negros sino mestizos y blancos. El MPLA trataba de ir más allá de las divisiones étnicas, y eso le daba una base de apoyo más amplia que la de la UNITA.

Savimbi hasta decía que luchaba por una "república socialista negra", y que Cuba solo apoyaba al MPLA por "fatalismo geográfico". Que si él hubiera contactado primero con nosotros, habría estado al lado de Cuba, pero como Neto se alió antes con Cuba, no le quedó otra alternativa que aliarse a Sudáfrica.

La UNITA se alió a fuerzas reaccionarias, al igual que el FNLA. Savimbi fue un instrumento del imperialismo. Durante la lucha por la independencia, había colaborado con los portugueses en sus ataques contra el MPLA.

En realidad la UNITA no tenía una ideología definida. Por eso, cuando llegaban a una zona, la gente no se incorporaba, y lo que hacían era el reclutamiento forzoso. Llegaban a un poblado, buscaban a los muchachones y se los llevaban. Al joven le daban un fusil, le enseñaban a tirar y ya era un miembro más.

La UNITA, apoyada por el ejército sudafricano, llevó a cabo una guerra irregular. Los sudafricanos crearon el Batallón 32, el llamado Batallón Búfalo. Era una unidad élite con oficiales sudafricanos pero compuesta fundamentalmente de angolanos, muchos de los cuales habían sido combatientes del FNLA que se refugiaron en Namibia después de su derrota.

Desde sus bases en Namibia, el Batallón Búfalo entraba mucho más a las profundidades de Angola que otras unidades de fuerzas especiales sudafricanas. Cometió muchas masacres en poblados angolanos. Perseguía a los guerrilleros de la SWAPO, la Organización Popular de África Sudoccidental.

La SWAPO luchaba por la independencia de Namibia, que había sido colonia sudafricana desde el fin de la Primera Guerra Mundial, cuando Sudáfrica se la quitó a Alemania. La SWAPO tenía bases en el sur de Angola y cruzaba la frontera para llevar a cabo operaciones en Namibia. El gobierno sudafricano justificaba sus acciones militares en Angola diciendo que estaban luchando contra la SWAPO.

La masacre de Cassinga

En el poblado de Cassinga, en el sur de Angola, había un campamento de refugiados namibios, protegido por una fuerza muy reducida de combatientes de la SWAPO. Los sudafricanos decían que era una importante base militar de la SWAPO. Con ese pretexto, en mayo de 1978 las fuerzas sudafricanas desataron una masacre en Cassinga. Bombardearon el poblado y mataron a 600 namibios, muchos de ellos niños, mujeres y ancianos.

En respuesta, una unidad de nuestras tropas fue rápidamente hacia Cassinga, con tanques y artillería, para defender a los namibios. La unidad fue atacada por la aviación sudafricana en el momento más vulnerable, cuando iba desplazándose. Ahí murieron 16 combatientes cubanos. Fue la primera vez que cubanos y namibios derramaron su sangre juntos.

Los medios de difusión imperialistas no dijeron prácticamente nada sobre la matanza de Cassinga.

Esto llevó a la decisión de que a cada brigada cubana en Angola se le definiera un área dentro de la cual podía responder con autonomía, sin pedir autorización. Si entraba una banda de la UNITA en esa área, la responsabilidad de la unidad cubana era expulsarla. A menos que fueran atacados, los soldados cubanos no entraban en combate con la UNITA. Eso lo hacían las FAPLA.

CALERO: En el tiempo que estuviste en Angola, Cuba no solo contribuyó a la defensa militar del país. A lo largo de los 16 años que duró la misión cubana, participaron otros 50 mil cubanos como colaboradores civiles. Ayudaron en todo el país como maestros, constructores, personal médico y en otros campos. ¿Qué papel desempeñaron en el norte, dónde estabas en esa época?

VILLEGAS: Durante los primeros años, la misión civil cubana ayudó mucho a consolidar la economía de Angola. Por ejemplo, en el norte tuvieron un papel importante en la cosecha del café.

El café es uno de los principales cultivos de exportación en Angola. Hay haciendas cafetaleras —*fazendas*— por todas las montañas del norte. Cuando uno viajaba por la sierra en camino a Luanda, pasaba por un mar blanco de café florecido, una cosa bella.

A causa de la guerra, el café cosechado no había sido llevado a Luanda para ser exportado. Se había acumulado en almacenes. Había pocos choferes y técnicos agropecuarios, porque esos trabajos solo los habían hecho los portugueses, y ellos habían abandonado Angola.

Miles de cubanos ayudaron con el café. Algunos de nuestros soldados se convirtieron en choferes de camiones y estibadores. Ayudaron a sacar la cosecha para Luanda y cargarla en los barcos.

También había que darles protección a estos colaboradores civiles cubanos, porque los bandidos del FNLA y de UNITA los atacaban. Estaban fraccionados en zonas muy extensas: en una casa aquí, una hacienda cafetalera allá. Cada hacienda tenía un sistema de autodefensa, y estos sistemas se unían entre sí.

Pero muchas veces los militares teníamos que irlos a sacar. En una oportunidad se conoció por los órganos de inteligencia que un grupo de bandidos iba a atacar todas las fazendas en el norte donde hubiera cubanos. Hicimos una operación grande y sacamos por un tiempo a todos los colaboradores cubanos de ahí.

WATERS: Cuando regresaste a Cuba en 1979, ¿cuáles fueron tus responsabilidades?

VILLEGAS: A principios de 1979, con la aparente mejora de la situación militar, y en acuerdo con el gobierno angolano, Cuba retiró sus asesores de las unidades de las FAPLA. En el sur de Angola las tropas cubanas se alejaron de la zona fronteriza con Namibia y formaron una fuerte línea defensiva, desde el puerto de Namibe hasta Menongue. Esa línea estaba a unos 250 kilómetros de la frontera sur. Su propósito era impedir cualquier avance de las fuerzas sudafricanas.

Unos meses después, Tomassevich regresó a Cuba, y yo también. Durante dos años yo estuve al frente del regimiento de infantería motorizada en la División de Tanques de las FAR.

KOPPEL: Cuando Cuba retiró su asesoramiento militar, los asesores soviéticos de las FAPLA se quedaron, pero evidentemente había fricciones.

Lúcio Lara, uno de los principales dirigentes angolanos, se refirió a esto durante una reunión con dirigentes cubanos en La Habana en diciembre de 1981. Dijo que las recomendaciones militares de los asesores soviéticos "están muy lejos de las posibilidades de nuestra gente y, digamos, de la situación real de Angola. Sus propios oficiales no tienen ninguna experiencia de guerrilla, de lucha contra bandidos. Ellos lo ven todo a través de lo clásico… La preparación que ellos dicen se puede realizar teóricamente, digamos en 24 horas, a nosotros nos toma seis días, una semana. O nos falta el avión, o tenemos el avión y entonces falta la gasolina… Es aquí que la experiencia cubana tiene una importancia fundamental".*

También Fidel se ha referido a las diferencias. ¿Cuál era el enfoque de la dirección cubana sobre los retos en Angola?

VILLEGAS: Los asesores soviéticos proponían que Angola desarrollara un ejército convencional, con tanques y armamentos pesados, para defenderse de Sudáfrica.

Fidel decía que sí, el ejército sudafricano era el enemigo principal de Angola, pero las FAPLA no tenían la capacidad militar para enfrentarse a los sudafricanos. Él insistía en que

---

* Citado en Piero Gleijeses, *Visiones de libertad* (La Habana: Editorial de Ciencias Sociales, 2015), tomo I, p. 340.

Cuba se ocuparía de defender a Angola de los ataques sudafricanos y que las FAPLA debían concentrarse en la guerra contra la UNITA.

Para eso no necesitaban un ejército convencional. Necesitaban unidades con equipo ligero entrenadas para una guerra irregular.

Durante los años 1979 y 1980, influidos por los asesores soviéticos, las FAPLA disminuyeron sus operaciones contra la UNITA y se concentraron en entrenar las unidades regulares de su ejército. Con apoyo sudafricano y norteamericano, la UNITA empezó a recuperarse y a crecer.

En 1981 el gobierno angolano volvió a pedir que Cuba apoyara a las FAPLA con asesores militares. Para esa responsabilidad, nuestra dirección seleccionó a oficiales que en Cuba habían participado en la Lucha Contra Bandidos, las operaciones en los primeros años de la revolución cuando derrotamos a las bandas contrarrevolucionarias en la sierra del Escambray que recibían apoyo norteamericano. Muchos de estos oficiales ya habían cumplido misión en Angola. Compartimos nuestras experiencias con los angolanos.

Así comenzó lo que se conoció como la Operación Olivo. Tomassevich regresó a Angola para encabezarla. El nombre Olivo llegó a identificar a todos los combatientes cubanos que participaron en el asesoramiento de la lucha contra la UNITA durante toda la década siguiente.

La lucha contra los bandidos de UNITA necesariamente era una guerra irregular. Para esto las FAPLA organizaron las Brigadas de Infantería Ligera, que tenían asesores cubanos: esa fue la Operación Olivo. Los asesores soviéticos permanecieron con las unidades regulares del ejército angolano.

WATERS: ¿Por qué fue escogido Tomassevich?

VILLEGAS: Tomassevich había sido jefe de la Lucha contra Bandidos en Cuba. Además, cuando él había sido jefe de la misión militar cubana en Angola, de 1977 a 1979, se había ganado el respeto de los angolanos. Se relacionaba muy bien con ellos.

WATERS: En la misma época en que Tomassevich regresó a Cuba en 1981, tú comenzaste una segunda misión en Angola. ¿Cuáles fueron tus nuevas responsabilidades?

'Tenían que sentar un ejemplo'

VILLEGAS: En La Habana había un puesto de mando especial para nuestras misiones militares en el exterior, dirigido por Fidel. En esos años incluía Angola, Etiopía y Nicaragua. A mediados de 1981 fui designado enlace entre el puesto de mando especial en La Habana y el mando de la Operación Olivo. Viajaba constantemente entre Cuba y Angola.

Fidel insistía en que los asesores cubanos en las unidades angolanas debían ejercer influencia con su actitud y su ejemplo en todo momento, de día y de noche. Tenían que identificarse con las FAPLA y ser capaces de combatir con su batallón en caso de ser atacados.

Los asesores trabajaban hombro a hombro con los combatientes angolanos. Compartían las mismas condiciones difíciles y los mismos riesgos. Sin embargo, de noche había la tendencia entre nuestros asesores de agruparse cerca del mando cubano en vez de quedarse con la tropa angolana. Aunque se les decía lo contrario, lo seguían haciendo. Así se sentían más seguros, más capaces de repeler un ataque si fuera necesario.

Fidel exigía que eso cambiara, que los cubanos durmieran junto a las tropas que estaban asesorando. Decía que ellos estaban actuando como pollitos que de noche se cobijan debajo de las alas de la gallina.

En esto, como en todo, Fidel planteaba que los cubanos siempre teníamos que dar el ejemplo. Era diferente de cómo actuaban los asesores soviéticos. En 1965, cuando nos encontrábamos en la lucha del Congo bajo la dirección de Che, nuestra conducta había chocado con la de los guerrilleros que se habían preparado en Bulgaria. La política de los búlgaros —y de otros Partidos Comunistas aliados con los soviéticos— era "preservar cuadros". Los cuadros que ellos entrenaban no eran para combatir. Debían ser "preservados" para que en el futuro, al momento de tomar el poder, fueran los dirigentes del país.

Para nosotros es diferente. El jefe tiene que dar el ejemplo, tiene que luchar. Eso no significa sacrificarse y morir innecesariamente. Pero sí, a la hora de luchar, el jefe tiene que estar al frente de su tropa.

Por eso Fidel tiene tanta autoridad. Él no les decía a los combatientes "¡Ve!" Él decía "¡Vamos!" Era el primero que se ponía al frente. Fue el primero en el ataque al cuartel Moncada en 1953, como también estuvo al frente en Playa Girón.

En Angola nuestros oficiales dirigieron a su tropa. Uno de cada cuatro cubanos caídos en combate tenía grado de oficial.

La batalla de Cangamba

WATERS: A principios de los años 80, como ya describiste, se intensificaron los ataques de la UNITA y las incursiones del ejército sudafricano. Una de las batallas más importantes se dio en agosto de 1983 en Cangamba, en el sureste de Angola. Tú estuviste en Cangamba, donde los soldados cubanos y angolanos lograron resistir las fuerzas numéricamente muy superiores del enemigo. ¿Cómo se desenvolvió ese combate?

VILLEGAS: En esos momentos la UNITA, que estaba recibiendo más apoyo de los gobiernos de Sudáfrica y Estados Unidos, se había ido fortaleciendo. Habían llegado muy adentro del territorio angolano y se proponían avanzar hacia el noreste.

Su objetivo era tomar Luena, la capital de Moxico, la provincia en el centro oriental del país. Luena les daría control del ferrocarril que se comunicaba con los vecinos países de Zaire y Zambia. El primer paso era atacar Cangamba y otros poblados en Moxico para aislar Luena. Pensaban que si se apoderaban de Cangamba, también podrían capturar a los asesores cubanos y presentarlos a la prensa internacional.

Ese esfuerzo de la UNITA también se encaminaba a tomar el territorio más al norte, las provincias de Lunda Norte y Lunda Sur, que eran ricas en diamantes.

El 2 de agosto de 1983, la UNITA atacó Cangamba con un fuego intenso de artillería y morteros. El pueblo estaba defendido por una brigada de 818 hombres —la 32 Brigada de Infantería Ligera de las FAPLA— y 92 asesores cubanos.

La UNITA tenía unos 3 mil efectivos, apoyados por asesores y fuerzas especiales del ejército sudafricano. Tenían el pueblo cercado.

La situación en Cangamba era muy compleja para las FAPLA y nosotros. Era un sitio de acceso difícil, a 250 kilómetros de Menongue, la ciudad más cercana desde donde se podía mandar apoyo aéreo y refuerzos.

El mismo 2 de agosto, el general Leopoldo Cintra Frías —todo el mundo lo conoce como Polo— regresó a Angola desde Cuba. Yo lo acompañaba. Polo, quien antes había sido jefe de la agrupación de nuestras tropas en el sur de Angola, era el nuevo jefe de la misión militar cubana.

Habíamos ido a La Habana a discutir unos cambios de dirección en la guerra. Polo proponía crear un puesto de mando avanzado en Huambo, en el centro del país, y que él fuera allí con otros oficiales, donde estarían más cerca de los combates. Se dejaría solo un pequeño grupo operativo en Luanda, donde las FAPLA tenían su estado mayor.

Fidel no estuvo de acuerdo. Señaló que lo más importante era que Polo se quedara al lado de la dirección de las FAPLA, codo a codo con ellos, no separados. Debíamos analizar todos los problemas junto con los angolanos, y no dejar que los resolvieran solos en Luanda con los asesores soviéticos. Y Fidel tuvo mucha razón.

Cuando llegamos al aeropuerto de Luanda, el general Enrique Lussón, jefe de la Operación Olivo en esos momentos, y el general Amels Escalante, jefe del estado mayor de la misión, le informaron a Polo sobre la situación de Cangamba, quien inmediatamente mandó enviar refuerzos por helicóptero, unos 100 combatientes.

También salieron dos columnas blindadas, una desde

Huambo y la otra desde Menongue, para reforzar la defensa de Cangamba. Era un trayecto largo y lento porque tenían que atravesar territorio donde estaba la UNITA y tratar de evitar las minas en los caminos.

La UNITA lanzaba ofensiva tras ofensiva contra Cangamba. Sus tropas lograron ocupar algunas partes del poblado.

El combate duró una semana. Las tropas de las FAPLA y las cubanas estaban cercadas. Se les estaban acabando las municiones, el agua, los alimentos. El perímetro defensivo se fue reduciendo al tamaño de un campo de fútbol. La UNITA tomó las posiciones donde había agua.

Desde Menongue enviamos aviones para dar protección a nuestras tropas. Permanentemente llegaba un avión a Cangamba y regresaba otro para la base. Nuestros pilotos cumplieron cientos de misiones.

Había que tirarles a unas casitas que separaban a la gente de la UNITA y a la nuestra. Pero para la aviación era difícil tirarles bombas a las tropas enemigas porque estaban tan pegadas a las nuestras.

Como mencioné antes, en toda la guerra los combatientes cubanos siempre habían dado un ejemplo de cómo valoramos la vida humana. Uno de los avances que logramos en Cangamba fue que, producto de nuestra colaboración a través de los años, los soldados de las FAPLA empezaban a recoger a sus muertos en el campo de batalla y a enterrarlos, como hacemos nosotros. Eso era muy poco común en Angola y en las guerras en África en general. Los ejércitos dejaban a los cadáveres y las aves de rapiña se los comían. Entonces mostraba que habíamos logrado un avance muy importante.

Durante el combate en Cangamba, llegó un momento en que a nuestra aviación se le acabaron los cohetes c-5. Les habíamos pedido más cohetes a los soviéticos, pero demoraban y demoraban. Nuestra máxima dirección decidió usar nuestras reservas en Cuba y mandarlas para Angola. Por barco habría tardado demasiado, entonces Fidel mandó a quitar los asientos a un avión de pasajeros IL-62 y convertirlo en carguero para los cohetes. Así los C-5 llegaron rápidamente a Luanda. Ya estaban los aviones de combate en la pista; fueron cargados con los cohetes y llevados a Menongue. Así nuestros pilotos pudieron usarlos en Cangamba.

El arsenal que teníamos se iba agotando, así que nuestros soldados empezaron a usar armas que ellos inventaban: bombas incendiarias que lanzaban nuestros aviones y otras armas rústicas para contener el avance del enemigo. Fue un combate muy cruento, muy difícil.

La desesperación entre nuestras tropas en Cangamba había llegado a tal grado que Polo decidió dar la orden de romper el cerco.

Fidel seguía muy de cerca el combate; se comunicaba diariamente con Polo. Cuando Polo le informó que había dado esa orden, Fidel dijo que era un gran error, porque los bandidos de la UNITA eran los que dominaban el terreno y tenían la ventaja.

'Cueste lo que cueste'

Fue entonces que Fidel envió un mensaje a los cubanos y a la 32 Brigada de las FAPLA en Cangamba. Les dijo que la dirección de la revolución no los iba a abandonar. Dos poderosas columnas blindadas iban en auxilio de ellos. Debían resistir a toda costa hasta que llegaran los refuerzos.

Fidel les expresó: "Confío en el valor insuperable de ustedes y les prometo que los rescataremos cueste lo que cueste".

KOPPEL: Qué impacto tuvo el mensaje de Fidel entre los combatientes en Cangamba?

VILLEGAS: Tuvo un impacto tremendo. Elevó enormemente su moral. Ellos resistieron más de una semana, prácticamente

> **Mensaje a los combatientes cubanos y angolanos en Cangamba**
>
> Hemos seguido hora a hora la heroica resistencia de ustedes frente a fuerzas muy superiores en número y medios de los títeres de Sudáfrica en Cangamba. Hemos adoptado todas las medidas para apoyarlos.
>
> El envío de refuerzos cubanos por helicópteros es prueba de nuestra determinación de ganar esa batalla. Poderosas columnas blindadas avanzan ya rápidamente en dirección a Cangamba.
>
> Todo depende ahora de la capacidad de ustedes de resistir el tiempo indispensable para que esas tropas lleguen a su objetivo.
>
> Con serenidad, confianza en sí mismos, deben rechazar los ataques enemigos. Es preciso ahorrar municiones y asegurar un fuego certero, así como soportar el hambre y la sed si se agotan los víveres y el agua.
>
> Todos los medios se emplearán para liberarlos del cerco enemigo. Nuestras tropas llegarán en tres o cuatro días, pero si los obstáculos las retrasan, hay que resistir, porque llegarán a cualquier precio.
>
> Que Cangamba sea ejemplo de que la sangre de los angolanos y cubanos derramada por la libertad y dignidad de África no ha sido en vano.
>
> Confío en el valor insuperable de ustedes y les prometo que los rescataremos cueste lo que cueste.
>
> COMANDANTE EN JEFE FIDEL CASTRO
> 7 DE AGOSTO DE 1983

sin comida, sin agua, sin refuerzos. Fue heroico.

Para entonces, los bombardeos de nuestros pilotos le estaban causando fuertes bajas a la UNITA. El 9 de agosto ellos decidieron retirarse.

Nuestras dos columnas blindadas aún no habían llegado, por todos los obstáculos que se encontraban en el camino. Cuando la UNITA se replegó, estas columnas fueron desplazadas a otros sitios: una fue a Luena y la otra regresó a Menongue.

Cayeron en combate 18 cubanos y 60 soldados de las FAPLA. La UNITA perdió cientos de efectivos.

Uno de los cubanos caídos fue el mayor Policarpo Álvarez Pileta, un piloto y antiguo combatiente del Ejército Rebelde. En un momento habíamos perdido la localización de la columna de Menongue, y Polo envió dos helicópteros a buscarla. Policarpo y yo fuimos en uno de ellos.

Cuando vimos un camino en el bosque, nuestro helicóptero bajó un poco a explorarlo. Policarpo vio unos camiones y dijo, "Allí están los de la UNITA".

Yo planteé que teníamos órdenes de buscar la columna cubana, no chocar con la UNITA en ese momento. Además nuestro helicóptero no traía proyectiles. No podíamos defendernos.

Policarpo contestó, "Yo no vine aquí a huirle a la UNITA, vine a pelear contra ellos".

Decidimos darles un pase con nuestro helicóptero, y el otro se quedó arriba. El enemigo empezó a disparar, y Policarpo devolvió el fuego. Era un semillero de baterías antiaéreas, y él fue herido de un tiro. Lo llevamos a Menongue, pero se murió. Yo pedí apoyo aéreo, y una pareja de MIG-21 destruyó esa base de la UNITA.

El 11 de agosto, cuando la UNITA se había retirado, Fidel dio la orden de que saliéramos de Cangamba ese mismo día. Estaba seguro que muy pronto iban a intervenir los sudafricanos con su aviación para vengar la derrota de la UNITA.

Polo le propuso el repliegue al presidente angolano José dos Santos y al mando de las FAPLA. Pero el jefe de la misión militar soviética, el general Konstantin Kurochkin, planteó lo contrario. Insistió en esa reunión en que las FAPLA aprovechara la victoria lanzando una ofensiva desde Cangamba hacia el sudoeste. Los angolanos decidieron quedarse.

Cuando Fidel se enteró de la decisión angolana, mandó un cable urgente a Polo, diciéndole que tratara de convencer al gobierno angolano de que sería un error muy grave mantener sus fuerzas en Cangamba, y que evacuáramos a la gente nuestra inmediatamente. Dijo, "No podemos dejar que la victoria se convierta en un revés".

Cuando nos retiramos, ocurrió exactamente como Fidel había dicho. Dos días más tarde entró la aviación sudafricana. Bombardearon y destruyeron Cangamba. Las FAPLA se retiraron, pero ya con muchos muertos. La UNITA ocupó lo que quedaba del pueblo.

WATERS: La divergencia entre la trayectoria que proponían los asesores soviéticos en Angola y la que proponía la dirección cubana se manifestó en otras ocasiones también, ¿no?

VILLEGAS: Las discrepancias fundamentales en cuanto a la guerra no eran con los angolanos, quienes eran una parte pasiva en este debate, sino con los soviéticos. Estas discrepancias se manifestaron muchas veces, culminando con los combates finales en Cuito Cuanavale en 1987–88.

Cuando la UNITA incrementó sus ataques en el centro de Angola a mediados de 1983, su Segundo Frente tomó Mussende, en la provincia de Cuanza Sur. Los asesores soviéticos propusieron a las FAPLA lanzar una ofensiva grande para recuperar ese pueblo, como se haría en una guerra convencional.

Presentaron mapas que mostraban operaciones muy com-

Fidel Castro: Los asesores soviéticos creían que era la Batalla de Berlín

Los asesores soviéticos en Luanda aconsejaban ofensivas hacia lugares lejanos, en el sudeste de Angola, contra la supuesta jefatura y el cuartel general de las bandas, distantes de toda fuente de suministros. Eran operaciones militares absurdas, mal aconsejadas, a las que nosotros nos oponíamos categóricamente y en las cuales no participábamos.

Los soviéticos creían que estaban librando la Batalla de Berlín, con Zhúkov al frente, que contaba con miles de tanques, con 40 mil cañones. Tenían una mentalidad académica, formada en el más puro estilo de guerra convencional. No entendían ni podían entender los problemas del Tercer Mundo y el tipo de guerra que debe librarse en ese escenario.

Nosotros les decíamos a los soviéticos: "Si quieren aconsejarles a los angolanos esas ofensivas, hay que prohibirle a Sudáfrica intervenir". Se lo dijimos una y otra vez durante tres, cuatro o cinco años, hasta que en un momento dado se desató una grave crisis militar [en 1987], cuando el ejército sudafricano penetró en profundidad para liquidar la República de Angola.

En ese momento tuvimos que tomar la decisión más difícil, jugarnos prácticamente la vida de la revolución. Calculamos qué hacía falta para prohibirles a los sudafricanos intervenir y derrotarlos definitivamente. Se toma la decisión de enviar desde Cuba todas las

> fuerzas y equipos necesarios para ello. Fue cuando se produce la famosa batalla de Cuito Cuanavale.
>
> FIDEL CASTRO
> KINGSTON, JAMAICA
> 30 DE JULIO DE 1998

plejas, con grandes flechas. Cuando Fidel se enteró de este plan, lo calificó despectivamente como la "Operación Berlín".

CALERO: ¿Por qué?

VILLEGAS: Porque no era Berlín.

La Operación Berlín durante la Segunda Guerra Mundial fue una operación gigantesca donde cientos de miles de tropas soviéticas avanzaron sobre la capital alemana. Los asesores soviéticos en Angola pintaron los planes para recuperar este pueblo como si hubiera sido el mariscal Zhúkov presentando la ofensiva contra Berlín a Stalin en 1945.

Pero en la lucha contra la UNITA hacía falta aplicar métodos de guerra irregular, con unidades ligeras.

Nuestra concepción implicaba derrotar al enemigo con una suma de victorias pequeñas, y no con un "Ayacucho". Ayacucho, en lo que ahora es Perú, fue la batalla decisiva y final en las guerras sudamericanas de independencia, donde las tropas realistas españolas sufrieron una derrota contundente en 1824 a manos de las fuerzas independentistas.

Hubo otro combate importante en marzo de 1984, cuando la UNITA atacó Sumbe, la capital de Cuanza Sur. En Sumbe no había tropas regulares de las FAPLA, solo 300 milicianos. También había 230 voluntarios civiles cubanos y algunos cooperantes civiles italianos, portugueses, soviéticos y búlgaros. El objetivo de la UNITA era tomar la ciudad y secuestrar a un gran número de colaboradores extranjeros.

A pesar de la superioridad militar del enemigo —que contaba con 1 500 efectivos— los constructores, maestros y trabajadores de la salud cubanos resistieron heroicamente con las armas que tenían. Junto con los milicianos angolanos, lograron defender Sumbe hasta que llegó la aviación cubana y fue repelida la UNITA. También los pilotos cubanos hicieron una proeza: no tenían comunicación telefónica directa con Sumbe, así que tenían que llamar a Luanda y recibir información desde allá.

Entre los 90 muertos en Sumbe, cayeron en combate siete colaboradores cubanos. El enemigo sufrió muchas bajas.

La UNITA, respaldada por los sudafricanos, fue aumentando sus ataques en las provincias centrales a mediados de los años 80. Volaban puentes y represas hidroeléctricas. Fidel vio que estaban creando condiciones para aislar a Luanda. El ataque a Cangamba mostraba el peligro. En respuesta, reforzamos nuestras tropas en Angola, de 25 mil a 39 mil efectivos.

Fidel ordenó que soldados cubanos, en unidades mixtas cubano-angolanas, ocuparan todos los puentes estratégicos en las rutas hacia Luanda y todas las hidroeléctricas. Esto impidió que la UNITA dejara a Luanda aislada por tierra y sin electricidad.

Tenían que vivir como topos

Sudáfrica tenía una cadena de bases militares en el norte de Namibia, al otro lado de la frontera con Angola. Sus aviones lanzaban ataques aéreos y tenían el dominio del aire en el sur de Angola. Entonces reforzamos nuestra línea defensiva en el sur, que iba de Namibe a Menongue. Para protegerse contra las incursiones aéreas sudafricanas, nuestros soldados en el sur vivían como topos: estaban bajo tierra casi constantemente.

Los asesores soviéticos mantenían su estrategia de la "Batalla de Berlín". Desde hacía años trataban de convencer a la dirección angolana de que tenían que dar un golpe contundente a la UNITA y a las fuerzas sudafricanas en Mavinga, un pueblo remoto en la provincia de Cuando Cubango, en el sudeste.

Los soviéticos insistían que si las FAPLA tomaban Mavinga, podrían entonces lanzar una ofensiva contra Jamba, el puesto de mando de Savimbi. Jamba se encontraba en el extremo sudeste de Angola, en una zona boscosa cerca de las fronteras con Namibia y Zambia.

Pero Mavinga era una trampa. Nosotros les señalamos a los angolanos que quedaba lejos de Menongue, la fuente de abastecimiento más cercana. En cambio, la UNITA podía abastecerse al otro lado de la frontera y refugiarse allí cuando fuera necesario. Además, los sudafricanos podían lanzar un ataque aéreo demoledor contra las fuerzas que avanzaran hacia Mavinga.

Esto lo debatimos los angolanos, los soviéticos y los cubanos durante buena parte de 1984 y 1985. En las reuniones con la dirección angolana, Polo insistía que era más importante que primero las FAPLA derrotaran a la UNITA en el centro del país. Esa región era mucho más decisiva desde el punto de vista económico y militar que la provincia fronteriza de Cuando Cubango.

Sin embargo, el general Konstantin Kurochkin, jefe de los asesores soviéticos, convenció a los dirigentes angolanos de atacar Mavinga.

A mediados de 1985 los angolanos iniciaron la Operación Segundo Congreso; el nombre se refería al segundo congreso del MPLA. Unos 6 mil soldados de las FAPLA avanzaron, al principio sin problemas. De repente, la aviación y la artillería sudafricana empezaron a golpearlos masivamente. Los soldados de las FAPLA resistieron heroicamente, pero tuvieron que replegarse. Murieron casi 2 mil soldados angolanos.

WATERS: En su entrevista con Ignacio Ramonet,* Fidel dice que el gobierno norteamericano, a través de Israel, había entregado al régimen sudafricano varias armas atómicas similares a las que se usaron en Hiroshima y Nagasaki. Al planificar la estrategia militar, la dirección cubana tomó en cuenta la posibilidad de que se usaran estas armas contra las tropas cubanas y angolanas. Fidel explica que Cuba evitó grandes concentraciones de tropas de manera de minimizar la pérdida de vidas si los sudafricanos usaban ese arsenal.

VILLEGAS: Nuestro alto mando sabía que los sudafricanos contaban con varias armas nucleares que podían ser empleadas en el teatro de operaciones. Ahora sabemos que tenían seis, suministradas por Estados Unidos a través del gobierno israelí.

En Angola nuestras fuerzas militares estaban constituidas en grupos tácticos de no más de mil efectivos. O sea, no había una gran concentración de fuerzas que ellos pudieran aniquilar de un solo golpe.

---

* Fidel Castro, *Cien horas con Fidel: Conversaciones con Ignacio Ramonet* (La Habana: Oficina de Publicaciones del Consejo de Estado, tercera edición, noviembre de 2006).

Cuito Cuanavale, Calueque y la derrota del régimen del apartheid, 1987-91

WATERS: Después de Cangamba, ante las crecientes agresiones sudafricanas y de la UNITA, la dirección cubana decidió reforzar sus tropas en Angola, según explicaste antes. Esto se hizo a pesar de los peligros que enfrentaba Cuba con la escalada militar de Washington en Centroamérica y el Caribe.

En octubre de 1983, dos meses después de Cangamba, las fuerzas armadas norteamericanas invadieron Granada. Washington ya estaba organizando y financiando la guerra de los "contras" para tratar de derrocar al gobierno revolucionario en Nicaragua. Estaba apoyando dictaduras sangrientas en El Salvador y Guatemala y realizando maniobras militares en gran escala en las aguas del Caribe.

Por otra parte, al mismo tiempo estaban creciendo las protestas de masas contra el apartheid en toda Sudáfrica. Se iba profundizando la crisis política en Pretoria.

En octubre de 1985, Fidel tuvo una reunión en La Habana con el canciller soviético Eduard Shevardnadze. Después de una década de invasiones y operaciones militares sudafricanas, planteó Fidel, era hora de "cortarle las manos" al régimen del apartheid dentro de Angola.

Un año más tarde, en un discurso en Luanda en septiembre de 1986, Fidel subrayó el compromiso de que Cuba estaba "dispuesta a que [nuestras] tropas internacionalistas permanezcan en Angola mientras exista el apartheid".

Entonces, en noviembre de 1986, estalló abiertamente el escándalo Irán-contras, que asestó un golpe a la credibilidad del gobierno norteamericano. Según se reveló, funcionarios de la Casa Blanca estaban organizando secretamente la venta de armas a Irán para obtener la libertad de rehenes retenidos por Hezbolá, un aliado en Líbano del gobierno iraní, y los fondos estaban siendo canalizados para financiar a las fuerzas contrarrevolucionarias en Nicaragua.

Fidel evaluó correctamente que esta coyuntura era más favorable que nunca para "cortarle las manos" a Pretoria. ¿Cómo se desarrolló esto?

VILLEGAS: A mediados de 1987 las FAPLA lanzaron una ofensiva llamada la "Operación Saludando Octubre", que se refería al 70 aniversario de la Revolución de Octubre en Rusia. Iba dirigida a tomar el puesto de mando que Savimbi tenía en Jamba.

Nuestra dirección se había opuesto a esta ofensiva propuesta por los soviéticos. Era una repetición de la operación de Mavinga en 1985 que había sido tan desastrosa.

Las FAPLA desplazaron cuatro brigadas élite con 11 mil efectivos. Al principio se encontraron con poca resistencia de la UNITA, que tenía unos 8 mil efectivos en esa zona. Pero el ejército sudafricano había anticipado la ofensiva y estaba apoyando a la UNITA con cientos de tropas de sus fuerzas especiales.

Los sudafricanos desataron intensos ataques aéreos y artilleros contra las FAPLA. Los soldados angolanos combatieron con mucha valentía, pero sufrieron fuertes bajas. Una de las brigadas fue aniquilada mientras cruzaba el río Lomba. Los otros combatientes de las FAPLA se replegaron a Cuito Cuanavale, un poblado pequeño que era su base más meridional en la provincia de Cuando Cubango. Los sudafricanos los persiguieron con el objetivo de tomar Cuito.

A mediados de noviembre, después de recibir un informe sobre la situación crítica en el sur de Angola, Fidel se reunió con el mando de las FAR. Él preguntó: ¿Dejamos que los sudafricanos los desbaraten, o los ayudamos? Hemos estado apoyando a Angola por más de 10 años, pero ahora en poco tiempo se podría perder todo.

Se decidió crear una agrupación cubana de fuerzas y medios suficientes para derrotar a los sudafricanos definitivamente y expulsarlos de Angola. Fidel insistió en que para lograr eso teníamos que tener el dominio del cielo en el sur.

Aumentamos nuestras fuerzas a más de 50 mil efectivos. Desde Cuba se enviaron cientos de tanques y miles de piezas de artillería. Nuestros mejores pilotos. Nuestros aviones, armas antiaéreas y tanques más modernos.

Al incrementar nuestras fuerzas, teníamos un doble objetivo: primero, una acción defensiva para impedir la caída de Cuito, y segundo, una acción ofensiva en el suroeste de Angola.

Nuestras fuerzas actuaron, según lo expresó Fidel, como el boxeador que con la mano izquierda mantiene al adversario y con la derecha lo golpea.

KOPPEL: ¿Cómo se organizó la colaboración entre las fuerzas cubanas y los combatientes de la SWAPO durante esta ofensiva estratégica?

VILLEGAS: La SWAPO tenía bases en el sudoeste de Angola. Desde ahí llevaban a cabo operaciones combativas en el norte de Namibia.

La SWAPO colaboraba con nosotros en Angola, no como tropas de combate sino fundamentalmente como unidades de exploración. Hacíamos patrullas mixtas SWAPO-cubanas cerca de la frontera con Namibia.

Los combatientes de la SWAPO tuvieron un papel muy

noviembre 1987–abril 1988

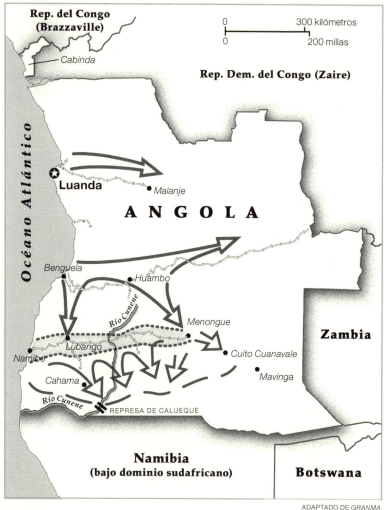

ADAPTADO DE *GRANMA*

➡ Flechas indican movimiento de fuerzas cubano-angolanas-SWAPO
••••••• Posiciones de tropas cubanas, noviembre 1987
▬▬ Posición de avance de tropas cubano-angolanas-SWAPO, abril 1988

importante en la exploración, que requería dominar bien el terreno. Y sí dominaban el terreno. Entraban a profundidad en las provincias de Namibe y Cunene para ver lo que hacían los sudafricanos en las zonas que estos tenían ilegalmente bajo su control.

Ya en la etapa definitoria de la guerra, cuando nuestras tropas fueron avanzando masivamente hacia la frontera con Namibia, los combatientes de la SWAPO las acompañaron y desempeñaron un papel importante.

La gente nuestra tenía confianza en el guerrillero de la SWAPO. Era una gente valiente, muy sufrida, que había aguantado mucha represión. Y ellos se vincularon mucho con los cubanos desde el punto de vista humano; prácticamente se hicieron una sola gente. Esto además se hizo más fácil porque el combatiente cubano tenía la característica de comunicarse mucho, de aprender las lenguas nativas, de unirse a los angolanos y a los namibios.

CALERO: A medida que desarrollaron los acontecimientos en los primeros meses de 1988, los funcionarios sudafricanos y norteamericanos se dieron cuenta que las fuerzas cubanas y angolanas que avanzaban en el sudoeste eran suficientemente fuertes para llegar a la frontera y entrar a Namibia.

En uno de los documentos internos de Pretoria que más tarde salieron a la luz pública, uno de sus generales advirtió que, si las fuerzas armadas sudafricanas entraban en combate directo con las fuerzas cubanas en el sudoeste de Angola, corrían el peligro de perder toda su aviación en pocos días.

VILLEGAS: Cuba llevó todo lo necesario para Angola. Es cierto. Si fuera necesario, dijo Raúl, hasta nos quedaríamos sin calzoncillos.

Decenas de miles de tropas cubanas y angolanas, junto con combatientes de la SWAPO, fueron avanzando hacia la frontera con Namibia.

GRANMA

Tras las derrotas sufridas en Cuito Cuanavale y el sudoeste de Angola en la primera mitad de 1988, el gobierno sudafricano pidió la paz. El acuerdo, firmado en la sede de Naciones Unidas en Nueva York el 22 de diciembre de 1988, puso fin a la intervención sudafricana y reconoció la independencia de Namibia.

En la mesa (de izq. a der.): Los ministros sudafricanos de defensa y del exterior Magnus Malan y Pik Botha; Javier Pérez de Cuéllar, secretario general de la ONU; George Shultz, secretario de estado norteamericano; Afonso Van-Dúnem, ministro del exterior de Angola; António dos Santos França, embajador angolano en Estados Unidos; Isidoro Malmierca, ministro del exterior de Cuba; y el general cubano Abelardo Colomé Ibarra.

Los sudafricanos estaban observando la cantidad de tanques, de aviones, de medios antiaéreos que teníamos en aquel teatro de operaciones limitado. Los norteamericanos también veían la cantidad de barcos que salían de Cuba con los refuerzos.

Nuestra base aérea en Lubango estaba muy lejos de la frontera con Namibia. Entonces, en apenas 10 semanas, un grupo de constructores cubanos hizo un aeródromo en Cahama, casi en la frontera. Eso le permitió a nuestra aviación alcanzar todo el sur de Angola y entrar al territorio norte de Namibia.

Nuestros pilotos de MIG lograron el dominio del cielo.

Como dijo Fidel, creamos una agrupación que no solo era suficientemente fuerte para entrar a Namibia, sino que podría continuar y no parar hasta llegar a Pretoria.

Los golpes que le dimos al ejército sudafricano aplastaron la moral de sus tropas. Cuando ellos nos atacaron en Tchipa, en el sudoeste, nuestros MIGs lanzaron un contraataque cerca de la represa de Calueque, casi sobre la frontera, que les causó fuertes bajas y daños a los sudafricanos.

"Los MIG-23 nos partieron el corazón" fue lo que un soldado sudafricano escribió en un puente ahí. Eso te habla del grado de su desmoralización.

Cuito Cuanavale y Calueque fueron las dos principales victorias que decidieron la guerra. Usamos el principio disuasivo. Se ganó la guerra sin grandes choques militares. El gobierno sudafricano tenía miedo de sufrir muchas bajas, por la repercusión política de la guerra dentro del país.

Las victorias en Cuito Cuanavale y en el sudoeste de Angola obligaron a los sudafricanos a ir a la mesa de conversaciones. A medida que los fuimos derrotando en el campo de batalla, ellos se comprometieron a retirar sus fuerzas y a aceptar la independencia de Namibia.

Para fines de agosto de 1988, todas las tropas sudafricanas

> **Derrotamos a los sudafricanos con un mínimo de bajas**
>
> En Cuito Cuanavale realmente se rompieron los dientes los sudafricanos. Y todo esto con un mínimo de bajas —¡un mínimo de bajas!— por parte de las fuerzas propias angolanas y cubanas.
>
> La idea esencial era frenarlos en Cuito Cuanavale y golpearlos por el suroeste. Se acumularon fuerzas suficientes para amenazar seriamente lugares de importancia estratégica para Sudáfrica y propinarle contundentes golpes en el terreno escogido por nosotros, no por el enemigo.
>
> Para Angola enviamos no solo nuestros mejores pilotos. Enviamos nuestras mejores armas antiaéreas, una gran cantidad de medios antiaéreos portátiles, una buena cantidad de artillería coheteril antiaérea. Reforzamos nuestros medios de combate aéreo; se enviaron cuantos tanques, transportadores blindados y piezas artilleras fueron necesarios.
>
> FIDEL CASTRO
5 DE DICIEMBRE DE 1988

habían sido retiradas de Angola. En diciembre de ese año, los gobiernos de Sudáfrica, Angola y Cuba firmaron un acuerdo de paz en Nueva York. El 21 de marzo de 1990, Namibia se convirtió en país independiente.

Como jefe de operaciones de la misión militar cubana en Angola, yo ayudé a planificar y organizar la retirada de nuestras fuerzas. Polo y yo regresamos a Cuba en 1990. Los últimos combatientes internacionalistas cubanos regresaron a casa en mayo de 1991.

Misiones internacionalistas en Etiopía y Mozambique

CALERO: Al mismo tiempo que miles de voluntarios cubanos estaban en Angola, en 1977 Cuba respondió a una solicitud de ayuda del gobierno de Etiopía. La monarquía de Haile Selassie había sido derrocada en 1974. El nuevo gobierno, que tenía lazos con Moscú, inició una reforma agraria que rompió la espina dorsal de las relaciones feudales en Etiopía y alarmó a las potencias imperialistas.

En julio de 1977 el gobierno de Somalia, con el respaldo de Washington, invadió Etiopía. En respuesta a la solicitud del gobierno etíope, una misión internacionalista de 12 mil combatientes cubanos cambió el curso de la guerra. Ya en los primeros meses de 1978 la invasión somalí había sido rechazada.

La misión en Etiopía coincidió con tu primera misión en Angola. ¿Qué desafíos presentó para Cuba esta misión simultánea en África?

VILLEGAS: La guerra en Etiopía surgió cuando el gobierno somalí, alentado por el imperialismo norteamericano, decidió ocupar el este de Etiopía, una gran extensión de terreno conocida como el Ogadén. Hizo reclamaciones territoriales.

En muchas partes de África las mismas etnias viven de ambos lados de una frontera que en la mayoría de los casos fue trazada por las potencias imperialistas. Durante el proceso de descolonización en los años 60, todos los estados africanos habían acordado mantener las fronteras heredadas de la época colonial. Sin ese acuerdo, África podría haberse convertido en mil países con un conflicto tras otro.

Anteriormente Cuba había asesorado tanto a Somalia como a Etiopía. Nuestra dirección trató de encontrar una solución política para evitar el conflicto. Pero el gobierno somalí invadió y Etiopía nos pidió ayuda militar. Miles de voluntarios cubanos fueron para Etiopía. Y no debilitamos nuestro compromiso con Angola.

Se envió a Etiopía a muchos oficiales que eran de los más experimentados en Angola. Por ejemplo, Polo, que había sido jefe de la misión militar cubana y después jefe del Frente Sur en la primera guerra en Angola, encabezó una brigada de tanques en Etiopía.

Los etíopes eran buenos soldados y nuestros soldados tenían una excelente preparación. Combatieron juntos, y en pocos meses expulsaron al ejército somalí de Etiopía. Hubo relativamente pocas bajas.

La situación en Etiopía presentaba un conjunto de complicaciones. Había conflictos de carácter étnico, como en Eritrea, al norte. Los eritreos no se sentían etíopes y luchaban por su independencia.

Cuba era partidaria de una solución política de los conflictos con las diferentes nacionalidades dentro de Etiopía. Lo veíamos como un problema interno. No participamos en la guerra entre las fuerzas etíopes y eritreas.

Al final de la jornada, Etiopía tuvo que reconocer la independencia de Eritrea y se creó como república independiente. Hoy día, desde hace muchos años tenemos médicos y otros cooperantes civiles cubanos que trabajan tanto en Eritrea como en Etiopía.

WATERS: Durante tu misión en Angola, en un momento

CIENCIAS SOCIALES

"Cuando tropas somalíes invadieron Etiopía con apoyo norteamericano, el gobierno etíope nos pidió ayuda militar. Miles de voluntarios cubanos fueron para ayudar a defender ese país. Y lo hicimos sin debilitar nuestro compromiso con Angola".

Washington y otras potencias imperialistas se alarmaron ante la reforma agraria antifeudal iniciada por el nuevo gobierno tras la caída de la monarquía de Haile Selassie. En 1977, alentado por el imperialismo, el régimen somalí invadió Etiopía con sus tropas, ocupando la región del Ogadén. Voluntarios cubanos se sumaron a los soldados etíopes y repelieron al ejército somalí para marzo de 1978.

Arriba: Unidad artillera cubana en el Ogadén etíope, febrero de 1978.

fuiste a Mozambique durante dos meses como parte de la solidaridad internacionalista cubana con ese país. ¿Cuál fue el objetivo de esa misión?

VILLEGAS: En 1986 o 1987, mientras yo estaba trabajando en el puesto de mando especial cubano para las misiones en el exterior, el gobierno de Mozambique pidió ayuda de Cuba para valorar la situación militar allí. Nuestra dirección envió una comisión con varios especialistas y yo fui al frente.

Bajo la dirección de FRELIMO, Mozambique se independizó de Portugal en 1975, y desde entonces FRELIMO ha sido el partido gobernante. Después de la independencia, los gobiernos de Rhodesia y Sudáfrica apoyaron a un grupo opositor, RENAMO (Resistencia Nacional Mozambicana), que llevó a cabo una guerra muy destructiva contra el nuevo gobierno.

Durante esa guerra Cuba cooperó con el gobierno de Mozambique, enviando asesores militares y especialistas técnicos. No tuvimos soldados allí como en Angola.

CALERO: Mozambique tenía menos desarrollo económico que Angola, ¿verdad?

VILLEGAS: En 1975 Mozambique era uno de los países más pobres del mundo. Tenía mucho menos riqueza mineral que Angola, aunque sí tenía minas de carbón.

La guerra estaba afectando mucho el país. La RENAMO no estaba en condiciones de tomar el poder, pero era una gran fuerza desestabilizadora. Masacraba a civiles. Desbarataba la economía.

Cuando yo llegué a Mozambique, las dos fuerzas contendientes habían llegado a un impasse. El gobierno no controlaba todo el territorio; dominaba principalmente en las ciudades. La RENAMO controlaba toda una región central del país, y ahí las instituciones del gobierno no podían funcionar plenamente.

Durante los dos meses que nuestra comisión estuvo en Mozambique, recorrimos el país visitando todos los frentes militares. Analizamos el estado de las tropas, los campamentos, los métodos de instrucción. Lo que observamos fue el estado de inacción, la falta de voluntad de combatir.

Me entrevisté con el presidente Joaquim Chissano y el ministro de defensa. El ministro de defensa me preguntó qué recomendábamos para levantar la moral de la gente, para que las tropas combatieran y pudieran cambiar la situación militar a su favor.

Le respondí que no teníamos ninguna varita mágica. No había otra vía que seguir combatiendo. Había que organizar la lucha, hacer emboscadas, atacar puntos débiles, hostigar de forma continua y permanente al enemigo. Les dije, "Son ustedes los que tienen la varita en sus manos: se llama voluntad de luchar y vencer".

Para esto era fundamental entender quién era el enemigo y quién no era. Porque a veces las fuerzas del gobierno actuaban como si toda la población era enemiga. No era así.

En esas condiciones de guerra, la población aceptaba la autoridad del que tuviera el control militar de la zona. Si llegaban las tropas del gobierno, aceptaban su autoridad. Si llegaban las fuerzas de la RENAMO, la población trabajaba con ellas. La gente sabía lo brutal que era la RENAMO. Lo que querían era vivir en paz. El pueblo no era el enemigo. Había que ganar su confianza.

La política del reclutamiento forzoso al ejército era uno de los problemas. Ya mencioné que en Angola la UNITA llegaba a un pueblo y cogía a los muchachones: podían ser de 15 o hasta de 12 años. En realidad, ambos lados lo hacían en Angola, aunque particularmente la UNITA.

Lo mismo ocurría en Mozambique durante la guerra. No alistaban a la gente por razones de conciencia.

El reclutamiento forzoso de adolescentes —y hasta de niños— a los grupos armados es un gran problema que existe todavía en una buena parte de África y algunos países de Asia. Cogen a niños y les enseñan a tirar. Y por la manera en que los educan, a veces se convierten en asesinos.

La guerra en Mozambique continuó hasta que se firmaron los acuerdos de paz en 1992. Durante todo este tiempo continuamos dando asesoramiento militar. La victoria en Angola y el fin del régimen del apartheid dio un respiro grande a Mozambique y a todos los países vecinos.

"En respuesta al ataque contra Cuito Cuanavale, nuestra dirección decidió crear una fuerza suficientemente grande para derrotar definitivamente a los sudafricanos".

RICARDO LÓPEZ HEVIA/GRANMA

VERDE OLIVO

A fines de 1987, tropas sudafricanas y de la UNITA atacaron a fuerzas de FAPLA en Cuito Cuanavale, en el sureste de Angola. En respuesta, Cuba aumentó sus fuerzas voluntarias a más de 50 mil y envió a sus mejores pilotos y sus equipos más modernos. Tenían un doble objetivo: primero, impedir la caída de Cuito Cuanavale y, segundo, lanzar una ofensiva en el suroeste de Angola.

Arriba: Tanquistas cubanos y angolanos en Cuito Cuanavale, 31 de mayo de 1988, después de que estuviera asegurada la victoria.

Abajo: Caravana cubana con suministros y equipos va en camino desde Menongue hacia el frente de batalla en Cuito Cuanavale.

"Cuito Cuanavale y Calueque fueron las dos principales victorias que decidieron la guerra. Para agosto de 1988 todas las tropas sudafricanas habían sido retiradas de Angola".

VERDE OLIVO

Arriba: Unidad antiaérea cubana que derribó avión Mirage sudafricano, febrero de 1988, durante batalla de Cuito Cuanavale.

Abajo: En un tiempo récord de 10 semanas, trabajadores cubanos construyeron un aeródromo en Cahama, cerca de la frontera sur. Los pilotos cubanos usaron la pista para lograr el dominio del cielo y amenazar bases sudafricanas en el norte de Namibia.

Mientras las fuerzas sudafricanas y de la UNITA eran repelidas en Cuito Cuanavale, decenas de miles de tropas cubanas y angolanas con exploradores de la SWAPO avanzaron hacia la frontera con Namibia. Aplastaron la moral de los invasores. Para fines de agosto de 1988, todas las tropas sudafricanas se habían retirado de Angola. En diciembre el régimen sudafricano firmó un acuerdo de paz en Nueva York. El 21 de marzo de 1990, Namibia llegó a ser un país independiente.

Arriba: Patrulla mixta de cubanos y de la SWAPO en el sur de Angola. Unos 2 mil combatientes de la SWAPO participaron en la ofensiva hacia la frontera con Namibia.

Abajo: Pilotos cubanos en el sur de Angola, abril de 1988. "Los MiG-23 nos partieron el corazón", escribió un desmoralizado soldado sudafricano en un puente cerca de la represa de Calueque.

"La dirección de Fidel fue determinante para la victoria en Angola".

FOTOS: CORTESÍA DE HARRY VILLEGAS

Villegas fue enlace entre la misión militar cubana en Angola y el puesto de mando especial de las Fuerzas Armadas Revolucionarias en La Habana. "Tenía que mantener al estado mayor en La Habana informado de lo que estaba ocurriendo", dijo. "Fidel estaba al tanto de todo, día a día".

Arriba: En el puesto de mando especial en La Habana, el comandante en jefe cubano Fidel Castro habla con el entonces coronel Harry Villegas (derecha), quien le informa sobre batalla de Cuito Cuanavale, 1988. A la izquierda está el coronel Jesús Morejón, jefe del puesto de mando.

Abajo: Villegas (derecha) con el coronel José Toledo (izquierda) y el teniente coronel Nelson González (centro) en región central de Angola durante lucha contra bandas de la UNITA, años 80.

CIENCIAS SOCIALES

Como jefe de las fuerzas cubanas en Angola, el general Leopoldo Cintra Frías, "Polo", era respetado por la dirección angolana. "Fidel tenía mucha confianza en él", dijo Villegas. "Le dio a Polo algunas de las tareas más complejas". **Arriba:** Cintra Frías (izquierda) habla con el ministro de defensa angolano Pedro Maria Tonha mientras coordinan operaciones durante batalla de Cangamba en 1983.

La misión internacionalista en Angola fortaleció la Revolución Cubana, "ante todo en la conciencia", dijo Villegas. Esto se manifestó en la renovación de brigadas voluntarias en Cuba que construyeron viviendas, escuelas y otras necesidades del pueblo trabajador. **Abajo:** Brigada voluntaria construye centro infantil en La Habana, fines de los 80.

"Si no hicimos más que ayudar a derrotar al apartheid indirectamente, el esfuerzo indudablemente valió la pena".

PASTOR BATISTA/GRANMA

Arriba: 10 de enero de 1989. Residentes de Luanda despiden al primer contingente de soldados cubanos que van de regreso a casa al final de la misión victoriosa. Los últimos combatientes cubanos salieron en mayo de 1991.

Abajo: Concentración de masas en Namibia celebra acuerdo que reconoce la independencia de Namibia, antes gobernada por Sudáfrica, diciembre de 1988.

La derrota del ejército sudafricano en Angola aceleró la lucha de masas en Sudáfrica que logró la libertad de Nelson Mandela y derrocó al régimen supremacista blanco.

Arriba: Mitin en el municipio de Soweto, Johannesburgo, Sudáfrica, celebra excarcelación de Nelson Mandela, dirigente del Congreso Nacional Africano, 11 de febrero de 1990.

Abajo: Mandela con el presidente cubano Fidel Castro en Matanzas, Cuba, julio de 1991. Los internacionalistas cubanos en Angola "han hecho una contribución a la independencia, la libertad y la justicia en África que no tiene paralelo, por los principios y el desinterés que la caracterizan", dijo Mandela.

"En los nuevos e inesperados desafíos, siempre podremos evocar la epopeya de Angola con gratitud, porque sin Angola no seríamos tan fuertes como somos hoy".

—Raúl Castro, mayo de 1991

Arriba: Médicos y enfermeros voluntarios cubanos, quienes desempeñaron un papel decisivo en la lucha contra la mortífera epidemia del ébola en África Occidental, llegan a Freetown, Sierra Leona, y descargan suministros, octubre de 2014.

Abajo: Más de un millón de trabajadores marchan en La Habana el Primero de Mayo de 2015, en una enorme muestra de apoyo a la revolución socialista en Cuba. Al frente desfilaron voluntarios internacionalistas de la salud que poco antes habían regresado de África Occidental.

'La dirección de Fidel fue determinante'

WATERS: Durante las batallas finales que comenzaron en Cuito Cuanavale, a finales de 1987 Fidel designó a Polo —al general Leopoldo Cintra Frías— para comandar el frente sur, la Agrupación de Tropas del Sur. Tú trabajaste directamente con Polo en esos momentos, y también habías trabajado estrechamente con él en una etapa anterior de la misión en Angola. Polo es hoy ministro de las Fuerzas Armadas Revolucionarias de Cuba. ¿Qué tipo de liderazgo brindó en Angola?

VILLEGAS: En la época de Cuito Cuanavale, Polo ya tenía mucha experiencia en Angola. Había sido uno de nuestros primeros oficiales en llegar al país en 1975, y jefe del Frente Sur, que expulsó a los invasores sudafricanos en 1976. Como mencioné antes, fue jefe de la misión militar cubana cuando la batalla de Cangamba y después.

Polo es una gente muy comunicativa. Él comprendía muy bien a los angolanos. Hay dos jefes nuestros que en Angola se caracterizaron por tener un vínculo humano extraordinario: Polo y Tomassevich. Casi no sabías si eran angolanos o si eran cubanos, porque se identificaban totalmente con los angolanos. Los angolanos sentían a Polo y a Tomassevich como parte de ellos.

Fidel ha tenido mucha confianza en Polo. Polo es de extracción muy humilde, de una familia campesina en la zona de la Sierra Maestra, en el oriente de Cuba. Él es de Yara, del mismo poblado donde yo nací. Desde que Polo se incorporó al Ejército Rebelde, ha demostrado una gran habilidad militar. Es un hombre extraordinariamente fiel. Fidel sabía que cuando a Polo le planteaban una misión, la cumplía. Por lo tanto Fidel le daba algunas de las tareas más difíciles y complejas.

Polo ha demostrado una gran aptitud para dirigir. Trabajé con él cuando fue designado jefe de la misión militar en Angola en 1983. Yo era el enlace entre el puesto de mando especial en La Habana y nuestro mando militar en Angola.

Antes expliqué que, en un momento durante la batalla de Cangamba, tuvimos que localizar la columna blindada que venía como refuerzo desde Menongue. Polo me mandó, junto con el jefe del destacamento de helicópteros, a llevar dos helicópteros en búsqueda de la columna. Como enlace yo normalmente no participaba en ese tipo de operación.

"Oiga, que soy el representante del mando superior", le dije a Polo.

Él me contestó, "¡Qué representante del mando superior, chico! ¿No ves? ¡Tú eres de mis hermanos, tú eres de mi pueblo! ¿A quién yo voy a coger en que tenga más confianza que en ti?" Entonces me monté en el helicóptero.

Más tarde pasé a ser jefe de operaciones de la misión, y ayudé a planificar operaciones de combate. Polo también me hizo su ayudante. Él se trasladaba en avión de una punta de Angola a la otra. Y si decía, "A las 7 de la mañana estamos en el aire", teníamos que estar montados en el avión a las 7 de la mañana. Porque él no esperaba. Una vez llegué corriendo para montarme, sin tener tiempo ni de lavarme la boca, cuando él iba saliendo. Y me dijo, "Negro, te quedas". Así era.

"Ustedes quizás puedan preguntarse si es necesario que vaya una batería de mujeres para el sur de Angola, si ya no hay más hombres cubanos que mandar allí. La participación de mujeres no es una necesidad militar… Es una necesidad moral, una necesidad revolucionaria".

—*Fidel Castro*
Hablando en despedida de una batería del Primer Regimiento Femenino de Artillería Antiaérea de Guantánamo, junio de 1988, a la que asistieron miembros africanos del cuerpo diplomático en La Habana

JUVENTUD REBELDE

Arriba: La teniente Milagros Katrina Soto (centro) y otras integrantes del Regimiento Femenino de Artillería Antiaérea, que ayudó a defender Angola de ataques de la fuerza aérea del régimen sudafricano.

KOPPEL: ¿Y la dirección de Fidel en la campaña internacionalista de Angola?

VILLEGAS: La dirección de Fidel fue determinante para la victoria. Él estaba al tanto de todo, día por día. Iba todos los días al puesto de mando.

Durante la batalla de Cangamba, Polo hablaba con el Comandante todos los días a las 7:00 de la noche por un equipo de radio. Ya describí la visión que Fidel demostró en esa batalla y la confianza que les transmitió a los combatientes. Él se preocupaba por el bienestar de los combatientes.

Che siempre decía que la grandeza de Fidel estaba en los detalles. Durante la lucha en Angola, él quería verlo todo, tocarlo todo, comprobarlo todo.

Siempre me decía, "No me digas lo que te dijo Polo u Ochoa, lo que te dijo nadie. Dime lo que tú viste y tocaste. Y si es factible, tráeme una muestra de lo que viste y tocaste". Así que me busqué un joven soldado del Ministerio del Interior para acompañarme con una cámara de video.

Cuando las acciones de la UNITA se fueron incrementando y pusieron en mayor peligro la estabilidad de Angola, Fidel siguió la situación aún más en detalle. Teníamos que traerle más información y con más frecuencia.

Había días que yo salía de Luanda temprano en avión, llegaba sobre las 10 de la noche a La Habana, y aquí nos estaban esperando. Había que venir preparado con los mapas y todo para dar la información al jefe. Cuando llegábamos al Ministerio de las Fuerzas Armadas estaba Fidel, y teníamos que informarle sobre la situación. A las 6:00 o 7:00 de la mañana siguiente, yo estaba ya otra vez virando para atrás en avión.

Fidel me preguntaba: "Este tanque, que yo lo mandé a quitar hace mucho tiempo, ¿por qué está aquí? Está muy cercano a la frontera con Namibia y pueden entrar los sudafricanos. Allí no deben estar nuestros asesores".

Él le preguntaba a uno cuál era su criterio: "Bueno, si esto no fuera así, y si esto fuera así, ¿qué tú harías?"

En una ocasión, durante los combates de Cuito, Fidel me pregunta: "¿Tú crees que ataquen los sudafricanos?"

—No, yo creo que no atacan.

—¿Tú estás seguro que no atacan?

—Sí, estoy seguro.

—Sí van a atacar.

Entonces regreso a Angola, y le tengo que decir al jefe de la misión, "Dice el Comandante que van a atacar, que hay que tomar ciertas posiciones y medidas".

Después, cuando vuelvo para La Habana, Fidel me pregunta de nuevo: "¿Tú crees que van a atacar?"

—Sí, eso fue lo que usted me dijo.

—No, no van a atacar.

Y yo me pregunto, ¿cómo voy para allá con este rollo a explicarle al jefe de la misión?

Es que Fidel iba analizando todos los elementos, que iban cambiando, y llegaba a sus conclusiones.

A veces yo me buscaba problemas. Fidel se movía y yo me movía detrás de él. Él me preguntaba y yo le contestaba. A veces él no me preguntaba y yo le decía mis criterios de todas maneras. Algunos de los altos jefes me decían: "Villegas, eso es una falta de respeto". Querían que yo le hiciera el informe al comandante y me quedara parado ahí sin decir más.

Me era muy difícil. No era ninguna falta de respeto. Es que Fidel inspira confianza; crea un vínculo personal en que uno se siente en el deber de decirle las cosas que uno piensa. A otros quizás no les gustaba eso, pero a Fidel sí.

WATERS: A mediados de 1989, después de la victoria en Angola, el general Arnaldo Ochoa y otros tres oficiales de las

Fuerzas Armadas Revolucionarias y del Ministerio del Interior de Cuba fueron juzgados y ejecutados por actos hostiles contra un estado extranjero, narcotráfico y abuso de cargo.[1] Ochoa había sido jefe de la misión militar cubana en Angola en 1987–88.

Fidel lo expresó así: En Angola, "cuando se está escribiendo por un lado la página más gloriosa, por otra se está escribiendo la más bochornosa, y la está escribiendo, en parte importante, quien está de jefe de la Misión Militar Cubana en Angola".

Los avances de la Revolución Cubana a fines de los años 80, que incluyeron el proceso de rectificación en Cuba así como las victorias en Angola, permitieron que la dirección revolucionaria y el pueblo de Cuba hicieran frente a ese episodio amargo. ¿Cómo ves el significado de esos acontecimientos?

VILLEGAS: Cuando la dirección de la revolución se enteró de la situación en relación a Ochoa, inmediatamente investigó los hechos a fondo y resolvió el asunto. Lo hizo ante el pueblo cubano y el mundo. Se podría haber investigado y resuelto internamente. Pero era muy importante que hubiera claridad de cómo actuaban la dirección del partido, del gobierno, de las Fuerzas Armadas Revolucionarias de Cuba. Que no se ocultaba nada. Que los responsables serían juzgados y castigados. Y fue lo que se hizo.

---

1. En junio y julio de 1989, el general de división Arnaldo Ochoa, miembro del Comité Central del Partido Comunista de Cuba; un subalterno de Ochoa en las FAR; y dos oficiales del Ministerio del Interior fueron llevados a juicio, condenados y ejecutados. Varios otros oficiales del ejército y del Ministerio del Interior fueron condenados y sentenciados a penas de cárcel de entre 10 y 30 años. El proceso judicial fue divulgado en la prensa y transmitido por televisión y radio en Cuba.

Con estas medidas ejemplares, la revolución es más fuerte

¿En qué circunstancias tienen lugar los hechos en que ha sido juzgado Ochoa? Tienen lugar en medio de una guerra donde nuestro país se jugó todo, enviando a ese escenario sus mejores armas y más de 50 mil hombres...

Con la escalada sudafricana en Cuito Cuanavale, enviamos a Polo como jefe del Frente Sur, donde se desarrollarían las principales operaciones. Dejamos a Ochoa como jefe de la misión...

Cuando se está escribiendo por un lado la página más gloriosa, por otro se está escribiendo la más bochornosa, y la está escribiendo, en parte importante, quien está de jefe de la Misión Militar Cubana en Angola...

Nuestro ejército se caracteriza por su disciplina, por su lealtad incondicional a los principios de la revolución y al partido... Con insolencia Ochoa se puso por encima de las leyes, porque era héroe, era general, era miembro del Comité Central. Este precedente, sin castigo ejemplar, sería funesto...

¿Quién volvería a hablar de rectificación si la burla más increíble a los principios del proceso de rectificación se ha cometido?[2]...

[Si se dictan las sentencias máximas] no creo que el proceso de rectificación pierda, va a ganar... Ahora se

(Sigue en la próxima página)

---

2. Ver en el glosario, Proceso de rectificación.

> va a entender mejor. El partido va a disponer de mucha más fuerza para imponer normas, y para barrer con todo lo que huela a podredumbre...
>
> ¿Qué tiene que ver la vida de estos señores [Ochoa y demás condenados] con la vida de un obrero?... Son dos mundos diferentes. Y no podemos descansar hasta que aquí haya un solo mundo. No el mundo de los burgueses, de los pequeños burgueses, sino el mundo de nuestros obreros, de nuestra clase obrera, de nuestros campesinos.
>
> FIDEL CASTRO
PALABRAS EN REUNIÓN DEL CONSEJO DE ESTADO DE CUBA
9 DE JULIO DE 1989

Las acciones corruptas de Ochoa en Angola fueron de poca importancia material. Él compró unos diamantes y trató de venderlos en la bolsa negra. Era ignorante de diamantes y compró pequeños desperdicios, los que no compra nadie y se botan. Pero el robo y la malversación de recursos económicos son incompatibles con el socialismo.

Ochoa era jefe de la misión militar en Angola, pero fue a Polo al que se le había asignado la jefatura del Frente Sur, donde se decidió la guerra y se logró la victoria. En esos momentos Ochoa se ocupaba fundamentalmente de otras responsabilidades de la misión cubana que no influían en las operaciones militares.

Ochoa fue a Angola con su trayectoria de combatiente del Ejército Rebelde, de internacionalista en Venezuela y Etiopía, de Héroe de la República. Como jefe de la misión militar en Angola, representaba el prestigio de nuestra revolución.

En el juicio se comprobó la participación de Ochoa en el narcotráfico. Su ayudante, el capitán Jorge Martínez, se reunió con Pablo Escobar —jefe del cartel de drogas de Medellín— para explorar el uso del territorio cubano para sus operaciones. Ochoa reconoció todas las imputaciones que se le hicieron en el juicio.

El imperialismo norteamericano podría haber usado todo esto en su campaña de mentiras, acusando al gobierno cubano de estar metido en el narcotráfico.

La respuesta de nuestra dirección revolucionaria fue un ejemplo de honestidad, de decisión de luchar contra la corrupción y defender los principios del socialismo. Fue una muestra de la fuerza moral de la revolución.

WATERS: La ayuda internacionalista que se brindó a Angola durante un período de casi 16 años fue un esfuerzo enorme para una nación relativamente pequeña y económicamente subdesarrollada como Cuba. A partir de 1989, casi al mismo tiempo que concluyó la misión en Angola, la desintegración de los regímenes del bloque soviético condujo al colapso de la mayoría de los acuerdos de comercio exterior y de muchos proyectos de ayuda, lo cual provocó la severa crisis económica de los años 90. Algunos cubanos opinan que los recursos dedicados a ayudar a Angola deberían haberse utilizado en Cuba.

VILLEGAS: La ayuda cubana a Angola no solamente valió la pena. Si estuviéramos en condiciones de volverlo a hacer, lo haríamos.

Si el ejército sudafricano no hubiera sido derrotado en Angola, ¿se habría eliminado el apartheid en esos momentos? Si no hicimos más que ayudar a derrotar al apartheid indirectamente, el esfuerzo indudablemente valió la pena.

Gracias a la victoria en Angola, el pueblo de Namibia conquistó su independencia.

Quizás fue un sueño nuestro pensar que se podía construir el socialismo en Angola. Pero se impidió que Sudáfrica dividiera y dominara Angola.

"Angola es una página honrosa en la historia de la solidaridad entre los pueblos, del internacionalismo, de la contribución de los cubanos a la causa de la libertad y del mejoramiento humano".

—*Raúl Castro,*
27 de mayo de 1991

Arriba: La Habana, 10 de enero de 1989: Raúl Castro, ministro de las Fuerzas Armadas Revolucionarias de Cuba, recibe a uno de los primeros grupos de combatientes regresados de Angola tras la firma de los acuerdos de diciembre de 1988.

Abajo: Raúl Castro habla en ceremonia en La Habana donde se dio la bienvenida al último grupo de voluntarios cubanos que regresó, 27 de mayo de 1991.

Independientemente de que no se hayan logrado los objetivos finales, son páginas gloriosas de la historia de los pueblos que han creado un acervo para el futuro.

La misión internacionalista en Angola nos fortaleció en todo. Pero ante todo, yo diría, en la conciencia.

Angola nos permitió entrar en contacto con una realidad muy diferente de la que conocíamos en Cuba. Convivimos y luchamos junto al pueblo angolano. Vimos con nuestros propios ojos el legado de siglos de colonialismo y de imperialismo en África: hambre, enfermedades, analfabetismo, grandes desigualdades. Las consecuencias de un sistema de explotación que no valora la vida del hombre humilde y sencillo.

Esa experiencia nos enriqueció. Nos permitió comprender mejor todo lo que hemos logrado con la revolución. Comprender que los valores de la revolución son superiores a los del capitalismo, donde rige el "sálvese quien pueda".

Cientos de miles de cubanos se mostraron capaces del sacrificio, de actuar en aras de otros seres humanos, de defender a pueblos hermanos contra el régimen racista del apartheid.

Todo eso nos fortaleció políticamente.

Entre las generaciones que pasaron por ese aprendizaje estaban tres de nuestros Cinco Héroes —Gerardo, Fernando y René— que luego cumplieron una misión internacionalista en Estados Unidos para defender la revolución.[3]

No solo fue un aprendizaje para los que participaron en la misión internacionalista. El que sabe que su padre o madre o abuelo fue voluntariamente a Angola, a miles de kilómetros de distancia, sin que le dieran un kilo, dispuesto a ofrendar su vida, admira y aprende de ese ejemplo.

Como dijo Raúl, gracias a Angola, "conocemos mucho me-

---

3. Ver en el glosario, Cinco Cubanos.

Gracias a Angola conocemos mejor de qué somos capaces

En los nuevos e inesperados desafíos, siempre podremos evocar la epopeya de Angola con gratitud, porque sin Angola no seríamos tan fuertes como somos hoy.

Si nuestro pueblo se conoce mejor a sí mismo, si conocemos mucho mejor de qué somos capaces todos nosotros —los veteranos y los pinos nuevos, nuestra juventud— es también gracias a Angola...

Gracias a Angola, comprendemos en todo su alcance la enseñanza del compañero Fidel de que cuando un pueblo como el cubano ha sido capaz de combatir y de sacrificarse por la libertad de otro pueblo, ¡qué no será capaz de hacer por sí mismo!

Si hoy somos más maduros en nuestras reflexiones y decisiones, si hoy somos más sólidos, más experimentados, es también gracias a Angola.

Si hoy estamos más conscientes de la obra de la revolución, porque palpamos la huella nefasta del colonialismo y del subdesarrollo, tenemos que agradecérselo a Angola.

Si nuestro pueblo está preparado para encarar cualquier dificultad en los tiempos que se avizoran, si tiene confianza en sí mismo y en su capacidad de resistir, de continuar desarrollando el país, y de vencer, en esa seguridad está también la experiencia de cómo ante la adversidad nos crecimos y vencimos en Angola.

RAÚL CASTRO
27 DE MAYO DE 1991

jor de qué somos capaces todos nosotros". En los años 90, la experiencia angolana nos ayudó a sobrevivir los años duros del Período Especial.

Hoy día en Cuba tenemos grandes retos económicos. No hay socialismo sin avances en lo económico. Nuestro reto es aumentar la producción de los medios de subsistencia, y hacerlo con más eficiencia. Pero por sobre todas las cosas, hay que tener al ser humano en el corazón de todo lo que hacemos.

Fue lo que hicimos en Angola. Mostramos que éramos capaces de darlo todo a cambio de nada. Nada más que la satisfacción del deber cumplido.

Eso tiene mucha importancia para la formación de las nuevas generaciones.

Lo que dijo Raúl cuando regresaron nuestros combatientes de Angola en 1991 tiene mucha vigencia: "En los nuevos e inesperados desafíos, siempre podremos evocar la epopeya de Angola con gratitud, porque sin Angola no seríamos tan fuertes como somos hoy".

Cronología

1959

1 de enero — Fuerzas de la dictadura de Batista, apoyada por Washington, se rinden al Ejército Rebelde, comandado por Fidel Castro. El pueblo trabajador responde a convocatoria del Ejército Rebelde a insurrección y huelga general nacional.

8 de enero — Fidel Castro llega a La Habana, culminando "Caravana de la Libertad" que fue parando en pueblos por toda la ruta al propagarse la insurrección, explicando metas de la revolución y movilizando la participación de trabajadores y campesinos.

17 de mayo — Primera ley de reforma agraria. Campesinos se movilizan, confiscan terrenos mayores de 400 hectáreas de dueños cubanos, norteamericanos y otros extranjeros. Se entregan títulos a 100 mil campesinos sin tierra. Washington responde incrementando sus ataques.

1960

Agosto–octubre — Ante escalada de agresiones de Washington, trabajadores, apoyados por gobierno revolucionario, expropian bancos y empresas de propiedad cubana y extranjera.

1961

Enero — Patricio Lumumba, primer ministro del Congo (Zaire), que se independizó de Bélgica en 1960, es asesinado por fuerzas congolesas apoyadas por Washington y Bruselas.

Enero — Washington rompe relaciones diplomáticas con Cuba.

Abril — Unos 1 500 mercenarios cubanos, organizados por Washington, invaden Cuba en Bahía de Cochinos. Son derrotados rápidamente en Playa Girón por milicias, policía y fuerzas armadas revolucionarias, con Fidel Castro al frente.

Diciembre — Cuba envía armas para lucha independentista en Argelia contra Francia; recibe y atiende en Cuba a huérfanos y heridos de guerra.

1962

Febrero — Gobierno norteamericano, tras más de dos años de guerra económica, impone embargo total al comercio y a otros lazos económicos con Cuba.

22–28 de febrero — Movilizaciones masivas de trabajadores y agricultores cubanos frenan planes estadounidenses de invasión, después de que la Casa Blanca lleva al mundo al borde de un conflicto nuclear en la "crisis de los misiles".

1963

Abril–mayo — Luchadores por derechos de los negros en Birmingham, Alabama, realizan marchas y combaten ataques policiales. La "Batalla de Birmingham" es un hito en el movimiento que en 1964–65, con dirección proletaria, barre obstáculos al derecho de votar y logra otras leyes que acaban con la segregación *Jim Crow* en el sur de EEUU.

Mayo — Argelia, que ganó su independencia en julio de 1962 tras ocho años de guerra, recibe a 55 médicos, dentistas y enfermeros cubanos, la primera misión médica internacionalista en Cuba.

Octubre — Casi 700 combatientes voluntarios cubanos ayudan a defender a Argelia de invasión marroquí apoyada por Washington.

1964

Agosto — Washington fabrica incidente de supuesto ataque naval en el Golfo de Tonkín en Vietnam como pretexto para escalar su guerra contra la lucha de liberación. Crece fuerza norteamericana de 23 mil a 540 mil tropas en 1968.

1965

Enero — Ernesto Che Guevara se reúne en Congo-Brazzaville con Agostinho Neto, líder del MPLA. Acepta brindar instructores militares cubanos para entrenar a independentistas angolanos.

Abril–noviembre — Columna de 128 voluntarios cubanos, al mando de Che Guevara, se suma a partidarios de Lumumba en Congo (Zaire) oriental que combaten a régimen proimperialista de Mobutu, el cual recibe ayuda de la CIA y de mercenarios sudafricanos y belgas.

1965–1967

Unidad cubana en Congo-Brazzaville, dirigida por Jorge Risquet y Rolando Kindelán, entrena a guerrilleros del MPLA y ayuda a defender al gobierno en Congo-Brazzaville contra amenazas del régimen de Mobutu.

1966–1974

Instructores cubanos entrenan a combatientes del PAIGC, dirigido por Amílcar Cabral, que luchan contra Portugal por la independencia de Guinea-Bissau y Cabo Verde.

1974

25 de abril — Golpe militar en Portugal derroca a dictadura fascista, abriendo paso al ascenso de masas conocido como la "Revolución de los Claveles". Un factor clave en la caída del régimen es el avance de luchas anticoloniales en África.

10 de septiembre — Guinea-Bissau se independiza de Portugal. Luís Cabral del PAIGC es el primer presidente. Cabo Verde se independiza el año siguiente.

12 de septiembre — La monarquía del emperador Haile Selassie es derrocada. Reforma agraria y otras medidas antifeudales estimulan movilizaciones de campesinos, trabajadores y jóvenes, lo cual alarma a las potencias imperialistas.

1975

15 de enero — Acuerdos de Alvor suscritos por gobierno portugués, MPLA, FNLA y UNITA fijan independencia de Angola para el 11 de noviembre de 1976.

Marzo — FNLA ataca centros del MPLA en Luanda, pero es expulsado de la capital tras cuatro meses de enfrentamientos.

30 de abril — Mientras fuerzas norteamericanas abandonan Saigón (Ciudad Ho Chi Minh) en masiva evacuación aérea, combatientes vietnamitas logran victoria tras décadas de lucha por la liberación y reunificación nacional.

25 de junio — Mozambique se independiza de Portugal. Samora Machel del FRELIMO, que encabezó lucha independentista, es el primer presidente.

Julio — Washington comienza a dar ayuda militar encubierta al FNLA y la UNITA.

Agosto–octubre — En respuesta a solicitud del MPLA, Cuba envía a 480 instructores para entrenar al nuevo ejército angolano. Voluntarios cubanos establecen cuatro centros de instrucción.

14 de octubre — Tropas sudafricanas invaden Angola desde el sur, avanzan rápidamente hacia Luanda. Tropas del FNLA y zairenses, apoyadas por Washington, avanzan desde el norte.

7 de noviembre — En respuesta a solicitud angolana de fuerzas de combate, el gobierno cubano inicia la Operación Carlota. Envía por avión un batallón inicial de 650 efectivos de fuerzas especiales del Ministerio del Interior.

8–12 de noviembre — Tropas de FAPLA e instructores cubanos repelen invasión zairense de Cabinda, centro petrolero de Angola.

10 de noviembre — Tropas de FAPLA y voluntarios cubanos derrotan fuerzas FNLA-zairenses en Quifangondo, 25 kilómetros al norte de Luanda.

11 de noviembre — Angola proclama la independencia. Neto del MPLA es el primer presidente.

Diciembre de 1975–marzo de 1976 — Contraofensiva FAPLA-cubana, dirigida por el comandante cubano Víctor Schueg, toma bases FNLA-zairenses en el norte, expulsa a invasores a Zaire. Tropas cubanas frenan a fuerzas sudafricanas en región central y las expulsan hacia el sur. Miles de combatientes llegan desde Cuba, alcanzando un total de 36 mil.

1976

27 de marzo — Las últimas tropas sudafricanas se retiran de Angola.

Marzo — Las FAPLA, apoyadas por asesores cubanos, comienzan a eliminar restos del FNLA en el norte, inician lucha contra bandas de UNITA en el centro y sur de Angola. En los siguientes tres años, la UNITA sufre duros golpes.

16 de junio — Policía dispara contra estudiantes de secundaria en Soweto, Sudáfrica, y mata a más de 600 personas, provocando protestas nacionales contra el apartheid y un creciente movimiento antiapartheid mundial.

1977

8 de marzo — Exiliados zairenses, basados en Angola, cruzan hacia Zaire, intentando provocar revuelta secesionista en provincia de Katanga. El régimen de Mobutu, apoyado por tropas marroquíes, los expulsa nuevamente a Angola.

Fines de marzo — El presidente cubano Fidel Castro visita Angola. Afirma que Cuba defenderá a Angola contra intervención sudafricana, insta a FAPLA a enfocarse en lucha contra UNITA.

27 de mayo — Intento de golpe, dirigido por Nito Alves, contra gobierno de Neto es derrotado. Fuerzas cubanas ayudan a defender al gobierno.

Noviembre — Una misión internacionalista cubana de 12 mil efectivos ayuda a defender a Etiopía de invasión del ejército somalí apoyada por Washington. Ya para marzo de 1978 la invasión ha sido derrotada.

1978

4 de mayo — Fuerzas sudafricanas atacan campamento de refugiados namibios en Cassinga, sur de Angola, y masacran a 600 personas. Cientos de niños sobrevivientes son llevados a Cuba para recibir atención médica e ir a la escuela.

1979

Enero — Ante mejora de la situación militar, Cuba retira sus asesores de las unidades de FAPLA que combaten bandas de UNITA. Tropas cubanas se alejan de zona cerca de frontera namibia, forman línea defensiva, 250 kilómetros al norte, para proteger contra invasiones sudafricanas.

11 de febrero — Tras un año de movilizaciones en Irán de trabajadores, campesinos y jóvenes, insurrección derroca a la monarquía del sha, quien había huido en enero.

13 de marzo — El pueblo trabajador en la isla caribeña de Granada, dirigido por Maurice Bishop, derroca a dictadura apoyada por Washington y crea un gobierno revolucionario. Durante los siguientes cuatro años y medio, voluntarios cubanos trabajan ahí como constructores, maestros y personal médico.

19 de julio — Insurrección popular en Nicaragua, dirigida por el Frente Sandinista de Liberación Nacional, derroca dictadura de Somoza. Durante los años 80, Washington organiza guerra contrarrevolucionaria para socavar al gobierno dirigido por el FSLN. Cuba envía miles de maestros, médicos y técnicos voluntarios.

10 de septiembre — Muere Agostinho Neto. José Eduardo dos Santos asume la presidencia de Angola.

1980

Junio — Incursión sudafricana en gran escala en Angola suroccidental, dirigida contra SWAPO. En los años siguientes, Pretoria aumenta sus ataques, UNITA recupera fuerza.

1981

Enero — Ante crecientes amenazas y actividades militares norteamericanas en Centroamérica y el Caribe, Cuba anuncia estrategia defensiva de la Guerra de Todo el Pueblo y crea Milicias de Tropas Territoriales.

Mayo — Gobierno angolano pide que Cuba reanude apoyo de asesores en lucha contra UNITA. Con la Operación Olivo, al mando del general cubano Raúl Menéndez Tomassevich, asesores cubanos apoyan brigadas de infantería ligera de FAPLA en guerra irregular contra UNITA.

Agosto — Más de 4 mil tropas sudafricanas invaden sudoeste de Angola, ocupan gran parte de provincia de Cunene.

1983

2–14 de agosto — Tropas de UNITA, con oficiales sudafricanos, atacan el aislado pueblo suroriental de Cangamba. Ante fuerzas numéricamente superiores, combatientes cubanos y angolanos, con apoyo aéreo cubano, logran resistir asedio de una semana.

19 de octubre — El gobierno revolucionario de Granada es derrocado. Maurice Bishop y otros dirigentes son asesinados. Una semana después, la contrarrevolución abre paso a una invasión norteamericana.

1984

25 de marzo — Unos 300 milicianos angolanos y 230 voluntarios civiles cubanos repelen ataque de 1 500 tropas de UNITA en Sumbe, sobre la costa central de Angola.

Septiembre — Municipios negros en Sudáfrica estallan en una ola de huelgas, manifestaciones y boicots escolares que se extienden al año siguiente. Crece apoyo internacional.

1985

Agosto–septiembre — A instancia de asesores soviéticos, las FAPLA lanzan ofensiva contra UNITA en Mavinga, un poblado suroriental alejado de refuerzos y puntos de abastecimiento. Fuerzas sudafricanas causan fuertes bajas.

26 de agosto — Desastre nuclear de Chernobil en Ucrania causa cáncer y otras enfermedades entre decenas de miles de personas. Cuba brinda ayuda médica; a través de los años trae a 25 mil niños a la isla para recibir tratamiento y rehabilitación.

Octubre — En reunión con oficiales soviéticos en La Habana, Fidel Castro plantea que, después de una década de agresiones sudafricanas, es hora de "cortarle las manos" al régimen del apartheid dentro de Angola.

1986

Abril — Fidel Castro anuncia proceso de rectificación, que significa alejarse de más de una década de copiar políticas burocráticas soviéticas de economía y planificación que sofocaban iniciativas obreras. Cubanos inician brigadas de trabajo voluntario para construir círculos infantiles, escuelas, clínicas, viviendas. El movimiento social crece hasta que la crisis económica del Período Especial a principios de los 90 agota recursos materiales.

2 de septiembre — "Estamos dispuestos a que nuestras tropas permanezcan en Angola mientras exista el apartheid", dice Fidel Castro en cumbre de No Alineados en Harare, Zimbabwe.

Noviembre — Escándalo Irán-contras expone venta secreta de armas norteamericanas a Irán y financiamiento encubierto de "contras" que buscan derrocar al gobierno dirigido por el FSLN en Nicaragua.

1987

Septiembre–octubre — Tras ofensiva fallida de FAPLA en sudoeste, tropas angolanas son atacadas por fuerzas sudafricanas y sufren fuertes bajas. Son perseguidas al poblado de Cuito Cuanavale.

15 de noviembre — Dirección cubana decide enviar los recursos necesarios para expulsar a las fuerzas sudafricanas de Angola. El número de tropas cubanas aumenta de 38 mil a 55 mil para agosto de 1988.

Diciembre — Primeras tropas cubanas se suman a defensa de Cuito Cuanavale. Por primera vez, aviones MIG y artillería antiaérea cubanos logran el dominio del aire en el sur de Angola.

1988

29 de enero — Representantes norteamericanos por primera vez aceptan participación cubana en conversaciones entre Angola, Sudáfrica y Estados Unidos. Washington insiste en que tropas cubanas salgan de Angola antes de que se retire Sudáfrica.

23 de marzo — Combatientes angolanos y cubanos repelen el último importante ataque sudafricano contra Cuito Cuanavale.

Fines de marzo — Decenas de miles de combatientes cubanos, de FAPLA y de SWAPO avanzan hacia frontera con Namibia.

4 de mayo — Manifestaciones de masas en pueblos namibios por el aniversario 10 de la masacre de Cassinga desafían balas de goma y gases lacrimógenos de la policía.

Mediados de mayo — En una contraofensiva, 10 mil tropas cubanas, 7 mil de FAPLA y 2 mil de SWAPO, con 200 tanques, llegan a 30 kilómetros de la frontera namibia.

Principios de junio — Constructores cubanos completan pista aérea, iniciada apenas 10 semanas antes, en Cahama, a 60 kilómetros de la frontera con Namibia. Aviones cubanos comienzan a sobrevolar el norte de Namibia, cerca de bases aéreas sudafricanas.

26–27 de junio — En respuesta a ataque sudafricano contra patrulla cubana en Tchipa, MIGs cubanos bombardean a unidad sudafricana en represa de Calueque cerca de frontera namibia. Los sudafricanos se repliegan a Namibia.

22 de julio — En conversaciones en Cabo Verde, representantes cubanos ofrecen detener avance a Namibia si tropas de Pretoria abandonan Angola en tres semanas. Los sudafricanos capitulan.

30 de agosto — Los últimos soldados sudafricanos salen de Angola.

22 de diciembre — Sudáfrica, Angola y Cuba firman acuerdo, en sede de ONU en Nueva York, que estipula retirada de tropas sudafricanas y cubanas de Angola y la independencia de Namibia.

1989

Enero — Primeras unidades de tropas cubanas se retiran de Angola.

7–11 de noviembre — SWAPO gana primeras elecciones libres en Namibia.

1990

Febrero — Ante creciente lucha de masas en Sudáfrica, Nelson Mandela, líder del Congreso Nacional Africano (ANC), sale en libertad tras 27 años de prisión. Pretoria levanta proscripción del ANC y otras organizaciones.

21 de marzo — Namibia declara su independencia. Sam Nujoma, líder de SWAPO, es elegido presidente.

1991

25 de mayo — Últimas tropas cubanas regresan de Angola.

26 de julio — Nelson Mandela habla en Cuba, agradece a voluntarios internacionalistas por un aporte a la independencia de África "que no tiene paralelo".

1992

29–30 de septiembre — El MPLA derrota a UNITA en las elecciones angolanas. UNITA rechaza resultados, reanuda guerra, que continúa hasta 2002, cuando el líder de UNITA Jonas Savimbi muere en combate.

1994

27 de abril — Nelson Mandela es elegido presidente de Sudáfrica en los primeros comicios post-apartheid.

Glosario de individuos, organizaciones y sucesos

Acevedo, Enrique (1942–) – General de brigada en las Fuerzas Armadas Revolucionarias de Cuba. Combatiente del Ejército Rebelde en columna de Che Guevara que cruzó Cuba de la Sierra Maestra al Escambray. Jefe de Regimiento de Infantería Motorizada en Angola, 1977–79; regresó a Angola, 1987–89.

Alves, Nito (1945–1977) – Ministro del interior en gobierno angolano tras la independencia en 1975. Encabezó fracción del MPLA opuesta a dirección de Neto. Dirigió golpe fallido en 1977; arrestado y ejecutado tras su derrota.

Alvor, Acuerdos de – Ver cronología, 15 de enero de 1975.

Apartheid – Estructura estatal en Sudáfrica basada en sistema supremacista blanco de castas raciales que privaba de derechos ciudadanos a la gran mayoría de la población. Derrocado en una masiva lucha que se extendió desde mediados de los 70 y culminó en 1994 con elección de Nelson Mandela, líder del Congreso Nacional Africano, como presidente de Sudáfrica.

Bahía de Cochinos – Ver cronología, abril de 1961.

Batista, Fulgencio (1901–1973) – Hombre fuerte militar en Cuba, 1934–58. Dirigió golpe de estado en 1952 que impuso dictadura apoyada por Washington. Huyó de Cuba el 1 de enero de 1959 ante avance del Ejército Rebelde, insurrección popular y huelga general.

Cabral, Amílcar (1924–1973) – Dirigente fundador del Partido Africano para la Independencia de Guinea y Cabo Verde (PAIGC), 1956. Dirigió guerrilla a partir de 1963 que ganó la independencia de Guinea-Bissau en 1974 y de Cabo Verde en 1975. Asesinado en enero de 1973.

Caetano, Marcelo (1906–80) – Dictador portugués, derrocado en abril de 1974 en un golpe militar que provocó levantamiento popular conocido como "Revolución de los Claveles".

Carlota – Esclava en Matanzas, Cuba, quien encabezó rebelión de esclavos en 1843 contra el régimen colonial español. Capturada y ejecutada cuando la sublevación fue derrotada. La misión cubana de combate en Angola fue nombrada Operación Carlota.

Cassinga – Ver cronología, 4 de mayo de 1978.

Castro, Fidel (1926–2016) – Dirigente central del movimiento revolucionario en Cuba desde inicio de lucha contra tiranía de Batista en 1952. Organizó asalto del 26 de julio de 1953 al cuartel Moncada en Santiago de Cuba y al de Bayamo. Dirigió fusión de organizaciones revolucionarias para fundar el Movimiento Revolucionario 26 de Julio. Organizó expedición del *Granma* desde México para iniciar guerra revolucionaria en Cuba, 1956. Comandante en jefe del Ejército Rebelde, 1956–59, y de Fuerzas Armadas Revolucionarias, 1959–2008. Primer ministro de Cuba, después presidente de los Consejos de Estado y de Ministros, 1959–2008. Primer secretario del Partido Comunista de Cuba, 1965–2011.

Castro, Raúl (1931–) – Presidente de los Consejos de Estado y de Ministros desde 2008, primer secretario del Partido Comunista de Cuba desde 2011. Participó en asalto al Moncada en 1953. Miembro fundador del Movimiento 26 de Julio y expedicionario del *Granma*. Comandante del Segundo Frente Oriental del Ejército Rebelde, 1958. General de ejército; ministro de Fuerzas Armadas Revolucionarias, 1959–2008. Viceprimer ministro, 1959–76. Primer vicepresidente de los Consejos de Estado y de Ministros, 1976–2008; segundo secretario del Partido Comunista de Cuba, 1965–2011.

Chissano, Joaquim (1939–) – Dirigente de FRELIMO, segundo presidente de Mozambique, 1986–2005.

Cinco Cubanos – En los años 90 Gerardo Hernández, Ramón Labañino, Antonio Guerrero, Fernando González y René González, hoy conocidos mundialmente como los Cinco Cubanos, aceptaron misión de informar al gobierno cubano sobre grupos contrarrevolucionarios en Estados Unidos que planeaban ataques contra Cuba. Arrestados en Miami por Washington en 1998 y acusados de "conspiración para cometer espionaje" y otros cargos fabricados, estuvieron en prisiones federales entre 13 y 16 años. Tres de ellos fueron combatientes voluntarios en Angola: René González (1977–79), Fernando González (1987–89) y Gerardo Hernández (1989–90).

Cintra Frías, Leopoldo (Polo) (1941–) – General de cuerpo de ejército; desde 2011, ministro de Fuerzas Armadas Revolucionarias, miembro del Consejo de Estado. Combatiente del Ejército Rebelde en la Columna No. 1 en la Sierra Maestra bajo el mando de Fidel Castro. Comandó tropas en el Frente Sur de Angola, 1975–76. Misión internacionalista en Etiopía en 1978. Jefe de misión militar cubana en Angola, 1983–86 y 1989. Héroe de la República de Cuba.

Congo-Brazzaville (oficialmente República del Congo) – Ganó su independencia de Francia en 1960.

Congo, República Democrática del – Ganó su independencia de Bélgica en 1960. Su nombre oficial fue Zaire de 1971 a 1997.

Díaz Argüelles, Raúl (1936–1975) – Primer jefe de la misión internacionalista cubana en Angola; murió al estallar mina antipersonal, diciembre de 1975. A principios de los 70 supervisó ayuda a movimientos antiimperialistas en América Latina y

África. Comandante en el Ejército Rebelde en el Escambray. Ascendido de manera póstuma a general de brigada. Héroe de la República de Cuba.

Dos Santos, José Eduardo (1942–) – Presidente de Angola desde 1979, tras muerte de Agostinho Neto. Se integró al MPLA en 1956. Ministro del exterior después de la independencia.

Dreke, Víctor (1937–) – Segundo al mando de Che Guevara en columna cubana en el Congo, 1965. Dirigió a internacionalistas cubanos que ayudaban a independentistas en Guinea-Bissau, 1966–68. Combatiente del Directorio Revolucionario y del Ejército Rebelde en el Escambray; en 1960–65 dirigió fuerzas en el Escambray que derrotaron bandas contrarrevolucionarias apoyadas por Washington. Presidente de Asociación de Amistad Cuba-África y de Asociación de Combatientes de la Revolución Cubana en provincia de La Habana.

Espinosa Martín, Ramón (1939–) – General de cuerpo de ejército. Desde 2009, viceministro de Fuerzas Armadas Revolucionarias de Cuba. Combatiente del Directorio Revolucionario y del Ejército Rebelde en el Escambray. Comandó fuerzas cubanas en Cabinda, Angola, 1975–76. Jefe de misión militar cubana en Etiopía, 1980–82. Héroe de la República de Cuba.

FAPLA (Fuerzas Armadas Populares de Liberación de Angola) – Comenzó como brazo armado del MPLA en lucha contra el colonialismo portugués; se convirtió en fuerzas armadas de Angola tras la independencia en 1975.

FNLA (Frente Nacional para la Liberación de Angola) – Fundado en 1962 y dirigido por Holden Roberto. Uno de los grupos armados en lucha contra el colonialismo portugués en Angola. Apoyado por gobiernos de Mobutu en Zaire y de Estados Unidos, libró guerra contra gobierno dirigido por el MPLA al momento de la independencia en 1975–76. Mayormente derrotado en 1976.

FRELIMO (Frente de Liberación de Mozambique) – Fundado en 1962, dirigió lucha independentista de Mozambique. Sus dos primeros presidentes fueron Eduardo Mondlane y Samora Machel. Partido gobernante desde independencia de Mozambique en 1975.

Girón – Ver cronología, abril de 1961.

Guevara, Ernesto Che (1928–1967) – Nació en Argentina, llegó a ser uno de los dirigentes centrales de la Revolución Cubana. En México se sumó a expedición del *Granma* como médico de la tropa; llegó a ser comandante del Ejército Rebelde, julio de 1957. Encabezó Banco Nacional, Ministerio de Industrias, otras responsabilidades centrales en el gobierno revolucionario. Encabezó misión de combate en el Congo oriental, 1965. En 1966 fue a Bolivia para dirigir guerrilla contra dictadura militar. Herido, capturado y muerto en octubre de 1967 por el ejército boliviano en operativo dirigido por la CIA.

Irán-contras, escándalo – Ver cronología, noviembre de 1986.

Kindelán, Roberto (1928–2016) – General de brigada en Fuerzas Armadas Revolucionarias de Cuba. Combatiente del Ejército Rebelde en columna de Che Guevara en Sierra Maestra que cruzó Cuba hasta el Escambray. Comandante militar de voluntarios cubanos enviados a Congo-Brazzaville para defender al gobierno y entrenar a independentistas angolanos del MPLA, 1965–67.

Kurochkin, Konstantin – Teniente general, jefe de misión militar soviética en Angola, 1982–85.

Lara, Lúcio (1929–2010) – Miembro fundador del MPLA y veterano miembro de su Comité Central. Secretario de organización del MPLA durante guerra civil en Angola.

Mandela, Nelson (1918–2013) – Dirigente del Congreso Nacional Africano en lucha antiapartheid en Sudáfrica desde años 40. Arrestado en 1962, preso hasta 1990. Liberado durante lucha de masas contra régimen supremacista blanco, que recibió un gran impulso con la derrota del ejército del apartheid en Angola en 1988. Electo presidente de Sudáfrica en 1994 en primeras elecciones post-apartheid; ejerció el cargo hasta 1999.

Menéndez Tomassevich, Raúl (1929–2001) – Jefe de misión militar cubana en Angola, 1977–79 y 1981–83. Comandó columna del Ejército Rebelde en el Segundo Frente Oriental al mando de Raúl Castro. Dirigió fuerzas especiales en lucha contra bandidos contrarrevolucionarios en región central de Cuba, 1961–63. Misiones internacionalistas en Guinea-Bissau en 1966, Venezuela en 1967. Héroe de la República de Cuba. Al momento de su muerte era general de división.

Mobutu Sese Seko (1930–1997) – Jefe del ejército del Congo después de la independencia; con apoyo de Bruselas y Washington dirigió golpe de estado contra primer ministro Patricio Lumumba, 1960. En 1965 se proclamó presidente; en el poder con respaldo de Washington hasta ser derrocado en 1997.

Moncada, asalto al – El 26 de julio de 1953, 160 combatientes al mando de Fidel Castro lanzaron asaltos insurreccionales al cuartel Moncada en Santiago de Cuba y al de Bayamo, iniciando lucha revolucionaria contra dictadura batistiana. El ataque fracasó y la mayoría de los capturados fueron masacrados. Una amplia campaña de amnistía logró libertad de Fidel Castro, Raúl Castro y otros presos, mayo de 1955.

Moracén Limonta, Rafael (1939–) – General de división de Fuerzas Armadas Revolucionarias de Cuba. Combatiente del Ejército Rebelde en el Tercer Frente Oriental bajo el mando de Juan Almeida. En Congo-Brazzaville encabezó a voluntarios cubanos que entrenaban a combatientes del MPLA por la independencia de Angola, 1965–67. Jefe de brigada de tanques en Cabinda, después jefe de asesores cubanos de la guardia

GLOSARIO

presidencial de Agostinho Neto, 1975-82. Héroe de la República de Cuba.

MPLA (Movimiento Popular para la Liberación de Angola) – Fundado en 1956, libró lucha guerrillera por la independencia de Angola contra Portugal. Desde 1962 fue dirigido por Agostinho Neto. Partido gobernante desde la independencia en 1975.

Neto, Agostinho (1922-1979) – Dirigente de lucha contra el dominio portugués en Angola. Presidente del MPLA desde 1962; preso y exiliado por actividades anticoloniales. Presidente de Angola desde 1975 hasta su muerte.

Ochoa, Arnaldo (1940-1989) – Ex general de división. Siendo jefe de misión cubana en Angola en 1987-88, instigó operaciones de mercado negro y contrabando de marfil y diamantes para financiar operaciones; organizó a subordinados para reunirse con cartel de drogas de Medellín. En 1989 él y otros tres altos oficiales de las FAR y del Ministerio del Interior fueron juzgados, condenados y ejecutados.

PAIGC (Partido Africano para la Independencia de Guinea y Cabo Verde) – Dirigido por Amílcar Cabral, se alzó en armas contra el dominio portugués en 1963. Logró independencia de Guinea-Bissau en 1974, de Cabo Verde en 1975.

Período Especial – En Cuba se refiere a las severas condiciones económicas en los 90 y la política del gobierno revolucionario para enfrentarlas. Al caer los regímenes de la URSS y Europa oriental, Cuba perdió el 85 por ciento de su comercio exterior. Las consecuencias se agravaron con la crisis capitalista mundial y la intensificada guerra económica de Washington. En 1996, gracias a esfuerzos del pueblo trabajador y del gobierno, comenzó una recuperación de producción agrícola e industrial, aunque muy por debajo de niveles antes de 1990, causando desabastecimientos de alimentos y otras necesidades.

Playa Girón – Ver cronología, abril de 1961.

Rectificación, proceso de – Ver cronología, abril de 1986.

RENAMO (Resistencia Nacional Mozambicana) – Grupo apoyado por gobiernos supremacistas blancos de Rodesia y Sudáfrica en guerra para derrocar al gobierno dirigido por FRELIMO en Mozambique. La guerra duró de 1977 a principios de los 90. Sigue siendo el principal partido opositor.

Revolución portuguesa – Ver cronología, 25 de abril de 1974.

Risquet Valdés, Jorge (1930–2016) – En 1965–66 dirigió a voluntarios cubanos en Congo-Brazzaville para defender al gobierno contra fuerzas proimperialistas y para entrenar a combatientes independentistas angolanos del MPLA. Dirigente juvenil del Partido Socialista Popular; combatiente del Ejército Rebelde en el Segundo Frente Oriental bajo el mando de Raúl Castro. Jefe de la misión civil cubana en Angola, 1975–79. Principal representante de Cuba en negociaciones de 1988 que pusieron fin a intervención sudafricana.

Roberto, Holden (1923–2007) – Dirigió fracción de la lucha independentista angolana desde 1956. Dirigente fundador del FNLA, 1962. Trabajó con la CIA y dictadura de Mobutu en Zaire para tratar de derrocar al gobierno dirigido por el MPLA.

Savimbi, Jonas (1934–2002) – Dirigió fracción de la lucha independentista angolana desde 1960. Dirigente fundador de UNITA, 1966. En 1975 se alió con Pretoria y Washington para derrocar al gobierno dirigido por el MPLA. Tras derrota de la intervención sudafricana, continuó guerra contra Luanda. Su muerte en combate llevó a alto el fuego en la guerra de 27 años.

Schueg Colás, Víctor (1936–1998) – General de brigada de Fuerzas Armadas Revolucionarias de Cuba. Combatiente del Ejército Rebelde en Segundo Frente Oriental dirigido por Raúl Castro. Miembro de columna de Che Guevara en el Congo, 1965. En Angola fue jefe del estado mayor de la misión militar cubana, 1975–76.

Sékou Touré, Ahmed (1922–1984) – Dirigente de lucha independentista contra Francia en la hoy República de Guinea (Guinea-Conakry). Presidente desde la independencia en 1958 hasta su muerte.

SWAPO (Organización Popular de África Sudoccidental) – Formada en 1960, dirigió lucha por la independencia de Namibia contra Sudáfrica; su dirigente fundador fue Sam Nujoma. Combatió junto a fuerzas cubano-angolanas en el frente sur. Partido gobernante en Namibia desde la independencia en 1990.

Tomassevich, Raúl – Ver Menéndez Tomassevich, Raúl.

UNITA (Unión Nacional para la Independencia Total de Angola) – Fundada en 1966 para combatir el dominio portugués, dirigida por Jonas Savimbi. En 1975 se alió con la Sudáfrica del apartheid y Washington para derrocar el gobierno dirigido por el MPLA de la nueva nación independiente. Libró guerra contra Luanda durante 27 años. Firmó alto al fuego en 2002, tras muerte de Savimbi en combate.

Índice

Acevedo, Enrique, 50
Acuerdos de Alvor (1975), 38, 104
África, legado del imperialismo en, 97
Aguirrechu, Iraida, 23
Álvarez Pileta, Policarpo, 66
Alves, Nito, 49–51, 106
Angola, economía
  café, 54–55
  petróleo, 39, 42
Angola, independencia y lucha inicial por soberanía (1975), 15, 18, 33, 37–39, 40–45, 104–5
Angola, misión cubana comienza (1975), 39–45, 104–5
Angola, guerra irregular contra UNITA, Sudáfrica (1976–87), 19, 47–59
  línea defensiva en sur de Angola (1979), 55–56
  Operación Olivo (1981), 57–58, 62
  Regimiento para la Lucha Contra Bandas Mercenarias, 51
  trato a soldados capturados durante, 48
Angola, derrota del régimen del apartheid (1987–91), 95
  Sudáfrica obligada a retirarse (1988), 79–80
  Namibia gana independencia (marzo 1990), 79–80
Angola, batallas (1975–88)
  Cabinda (noviembre 1975), 18, 42, 105
  Quifangondo (noviembre 1975), 42, 105
  Ebo (noviembre 1975), 43
  Porto Amboim (diciembre 1975), 43
  Catofe (diciembre 1975), 43
  Lomas de Medunda (diciembre 1975–enero 1976), 44
  Carmona (enero 1976), 42–43
  Fuerzas sudafricanas expulsadas por la frontera (marzo 1976), 45
  Cangamba (agosto 1983), 61–70, 87–88, 90, 107–8
    tropas UNITA cercan a fuerzas cubano-angolanas, 61–62
    Cuba envía armas, cohetes de sus reservas, 63–64
    Fidel Castro: "Los rescataremos, cueste lo que cueste", 64–65
    discusiones con asesores soviéticos, 67–69
    "Batalla de Berlín", 68–70
    tras derrota de UNITA, Cuba retira sus fuerzas, 67
    fuerza aérea sudafricana destruye Cangamba, 67
  Sumbe (marzo 1984), 69–70, 108
  Mavinga (agosto–septiembre 1985), 71, 108
  Cuito Cuanavale (1987–88), 13, 15–16, 19, 34, 68–69, 73–80, 110
    colaboración con combatientes de SWAPO, 75–77
    Cuba envía sus mejores aviones, tanques, artillería, 75, 80, 93
    Raúl Castro: si fuera necesario, "hasta nos quedaríamos sin calzoncillos", 77

ÍNDICE

Ver también FAPLA; FNLA; MPLA; Neto, Agostinho; UNITA
Angola, misión cubana, últimos años (1988–91)
  Cuba se suma a conversaciones de paz (enero 1988), 109–10
  combatientes cubanos, de FAPLA y de SWAPO avanzan hacia frontera namibia (marzo 1988), 16, 110
  pista aérea en Cahama completada, dando a Cuba dominio del aire (junio 1988), 110
  MIGS cubanos bombardean a unidades sudafricanas en represa de Calueque, (junio 1988), 79, 110
  sudafricanos se retiran a Namibia (junio 1988), 110
  últimos soldados sudafricanos salen de Angola (agosto 1988), 110
  acuerdo de paz Sudáfrica-Angola-Cuba firmado en ONU (diciembre 1988), 16, 78, 110–11
  Fidel Castro: "Derrotamos a sudafricanos con un mínimo de bajas" (diciembre 1988), 80
  fin de la misión (mayo 1991), 80, 96
Angola, misión cubana, aspectos de, 29–30
  armas nucleares, amenaza de usar contra, 72
  asesores deben "sentar ejemplo", 58–59, 63
  bajas, 19
  combate al ejército sudafricano, no a UNITA, FNLA, 48, 54
  Cuba fortalecida por, 20, 93–94, 97–99
  dirección decisiva de Fidel Castro, 90–91
  participación de Gerardo Hernández, Fernando González, René González, 21, 97
  Regimiento Femenino de Artillería

  Antiaérea, 89
  soldados juzgados en cortes angolanas, 48
  voluntarios civiles, 54–55, 69–70, 109
Argelia, 31–32, 102
Asociación de Combatientes de la Revolución Cubana, 13
Ayacucho, Perú, batalla de (1824), 69

Bakongo, etnia (noroeste de Angola), 38
"Batalla de Berlín", estrategia de asesores soviéticos, 68–70
"Batallón Búfalo", 53
Batista, Fulgencio, dictadura de, 11, 48
Bélgica, 32, 101, 103, 115
Benguela, Angola, 39
Bishop, Maurice, 108
Bulgaria, 59, 69

Cabinda, Angola, 39–40, 42–43, 105
Cabo de Buena Esperanza, Sudáfrica, 17
Cabo Verde, 35, 37, 103–4
Cabral, Amílcar, 35, 103
Caetano, Marcelo, 37
Cahama, aeródromo de, 79
Calero, Róger, 23
Cangamba, batalla de (agosto 1983), 61–69, 87–90, 107–8
Carmona, Angola (Uíge), 42–43, 51
Cassinga, Angola, masacre de (mayo 1978), 53–54, 106
Castro, Fidel, 15, 21–22, 102
  alta opinión de la dirección de Guinea-Bissau, 35
  sobre Arnaldo Ochoa, 92–94
  y Che Guevara, 90
  dirección decisiva de, 15, 87–94
  y Harry Villegas, 90–91
  internacionalismo "es saldar nuestra deuda con la humanidad", 30–31
  política aplicada durante guerra de Angola

ÍNDICE

Moscú informado tras envío de tropas (1975), 42
trato a soldados capturados, 47–48
no dar "inmunidad" a soldados cubanos responsables de muertes civiles, 48
combatientes de FAPLA deben enfocarse en lucha contra UNITA, 57, 106
asesores cubanos deben "sentar ejemplo", 58–59
hora de "cortarle las manos" al régimen del apartheid en Angola (octubre 1985), 19, 73, 108
Cuba mantendrá tropas en Angola "mientras exista apartheid" (septiembre 1986), 73–74, 109
"derrotamos a sudafricanos con un mínimo de bajas" (diciembre 1988), 80
Castro, Raúl, 19
Angola fortaleció la Revolución Cubana, 15, 20, 97–99
sobre Operación Carlota, 41
sobre trato a soldados capturados, 47–48
Catengue, Angola, 40
Catofe, batalla de (diciembre 1975), 43
CIA, su ayuda a FNLA, UNITA, 38
Cien horas con Fidel (Fidel Castro), 72
Cinco Cubanos, 21, 97
Cintra Frías, Leopoldo ("Polo"),
en Angola, 62, 64, 71, 87–90, 93–94
en Etiopía, 82
Ciudad Ho Chi Minh, Vietnam, 17
Columna Camilo Cienfuegos (Congo-Brazzaville), 33
Congo, 101
misión internacionalista cubana en (1965), 33–35, 43, 59, 103
Ver también Zaire
Congo-Brazzaville,
columna de combatientes cubanos en, 33, 43, 103
Cuando Cubango, Angola, provincia de, 71
Cuanza Norte, Angola, provincia de, 47
Cuanza Sur, Angola, provincia de, 67, 69
Cuba y Angola: Luchando por la libertad de África y la nuestra (Fidel Castro, Raúl Castro, Nelson Mandela), 21
Cuba, 11–13, 30–31
Arnaldo Ochoa, juicio a (1989), 92–95
Cassinga, sus sobrevivientes reciben atención médica y educación en (mayo 1978), 106
Ejército Rebelde, 11, 47, 66, 88, 94
fortalecida por misión angolana, 10–20, 93–99
Fuerzas Armadas Revolucionarias (FAR), 12–13, 87, 90, 92
misiones internacionalistas
Ver Argelia, Angola, Congo, Congo-Brazzaville, Etiopía, Granada, Guinea-Bissau, Nicaragua, Somalia
Período Especial, 20, 99, 109
proceso de rectificación, 92–93, 108–9
y trabajo voluntario, 20
Cuito Cuanavale, batalla de (1988–89), 13, 34, 68–69, 73–80, 109–10
Cunene, Angola, provincia de, 77, 107

Dar es Salaam (Tanzania), 32
Díaz Argüelles, Raúl, 39, 43
Dos Santos, José Eduardo, 107
Dreke, Víctor, 35

Ebo, batalla de (noviembre 1975), 43
Éditions Graphein, 12
Editora Política, 12
Ejército Rebelde
Ver Cuba, Ejército Rebelde
El Salvador, 73
Eritrea, 82

Escalante, Amels, 62
Escambray, Cuba, sierra del, 11, 57
Escándalo Irán-contras, 74, 109
Escobar, Pablo, 95
Espinosa, Ramón, 23, 42
Etiopía, 58, 81–82, 104, 106
Europa oriental, 20

FAPLA (Fuerzas Armadas Populares de Liberación de Angola), 33, 40–42, 45–49,, 51–52, 55–57, 105
  MPLA pide instructores cubanos (agosto 1975), 39
  durante intento de golpe (mayo 1977), 49–51
  Operación Segundo Congreso (1985), 71
  Operación Saludando Octubre, (1987), 74
  Ver también Cuito Cuanavale
  respeto a soldados muertos en combate, 63
  y UNITA, operaciones contra, 51–52, 54–57, 71, 109
  batalla de Cangamba, 61–70
  brigadas de infantería ligera, 57, 62, 107
FNLA (Frente Nacional para la Liberación de Angola), 29, 33, 38–39, 42–43, 47–49, 51, 104–5
  abusos por parte del, 48–49
  desintegración del, 47, 53
  voluntarios civiles cubanos atacados por, 55
FRELIMO (Frente de Liberación de Mozambique), 38, 84–86, 104
Fuerzas Armadas Revolucionarias
  Ver Cuba, Fuerzas Armadas Revolucionarias

Gárciga, José, 23
Gleijeses, Piero, 23, 56
González, Fernando, 21, 97
González, René, 21, 97
Granada, 73, 106, 108
Granma, 23

Guantánamo, Cuba, 12
Guatemala, 73
Guevara, Ernesto Che, 11
  valoración del liderazgo en Guinea-Bissau, 35
  reuniones con dirigentes africanos, (1965), 32–33, 103
  misión internacionalista en el Congo (1965), 16, 32–34, 43
  misión internacionalista en Bolivia, 12, 16–17
Guinea-Bissau
  misión internacionalista cubana (1966–74), 35, 103
  gana independencia (1974), 35
  hito en lucha anticolonial, 37–38
Guinea-Conakry, 35

Hernández, Gerardo, 21, 97
Hezbolá, 74
Hiroshima, Japón, 72
Huambo, Angola, 39, 62–63

Imperialismo norteamericano,
  como aliado de Sudáfrica, 12, 15, 31
  suministra armas nucleares por medio de Israel, 72
  y Guantánamo, ocupación de, 12
  amenazas militares en Centroamérica y Caribe (años 80), 73
  y ataque del régimen marroquí contra Argelia, 32
  Ver también Escándalo Irán-contras (1986), FNLA, Etiopía, Nicaragua, UNITA
Internacionalismo, como "saldar nuestra deuda con la humanidad" (Fidel Castro), 30–31
Israel
  transfiere armas nucleares de EEUU a Sudáfrica, 72

Jamba, Angola, 71–74

Katanga, Zaire, provincia de, 50, 106
Kindelán, Rolando, 33, 103

Koppel, Martín, 23
Kurochkin, Konstantin, 67, 71

Lara, Lúcio, 56
Líbano, 74
Lomas de Medunda, batalla de (diciembre 1975–enero 1976), 44
Luanda, Angola, 38–43, 50, 62, 70
  defensa de (mediados de los 80), 70
  durante intento de golpe (mayo 1977), 50–51
  MPLA, base de apoyo para, 38
Lubango, Angola, 79
Lucapa, Angola, 52
Lucha Contra Bandidos (Cuba), 57
Luena, Angola, 61, 66
Lumumba, Patricio, 101, 103
Lunda Norte, Angola, provincia de, 52, 61
Lunda Sur, Angola, provincia de, 61
Lussón, Enrique, 62

Machel, Samora, 104
Malanje, Angola, provincia de, 47
Mandela, Nelson, 16, 19, 29–30, 44, 111
Manzanillo, Cuba, 11
Marruecos 32, 102, 105
Martínez, Jorge, 94–95
Matanzas, Cuba, 29–30
Mavinga, Angola, batalla de (agosto-septiembre 1985), 71, 108
Mbundu, etnia (región norte-central de Angola), 38
Medellín, cartel de drogas, 95
Menéndez Tomassevich, Raúl, 52, 56–58, 87, 107
Menongue, Angola, 56, 62, 66, 70–71, 88
Mobutu Sese Seko, 19, 33, 38, 103, 106
  Ver también Zaire
Moncada, ataque al cuartel, 59
Monstruo Immortal (Jacob Caetano João), 50

Moracén, Rafael, 33, 43, 50–51
Moxico, Angola, provincia de, 61
Mozambique, 37–38, 84–86, 104
  Ver también FRELIMO, RENAMO
MPLA (Movimiento Popular para la Liberación de Angola), 33, 42–43, 104–7
  partido gobernante (noviembre 1975), 42
  base entre los mbundu, 38
  pide combatientes cubanos para repeler invasión sudafricana, 35
  Ver también Alves, Nito; FAPLA; Lara, Lúcio; Neto, Agostinho; Rodrigues, Deolinda
Mussende, Angola, 67

N'dalatando, Angola 39
Naciones Unidas, 106
Nagasaki, Japón, 72
Namibe, Angola, 56
Namibe, Angola, provincia de, 77
Namibia, 16, 79–80, 95, 106, 111
  como base para invasiones sudafricanas, 18, 40, 51, 53–54, 70, 90–91
  Ver también SWAPO
Negage, Angola, 47, 49
Neto, Agostinho, 33, 48, 100, 106–7
  intento de golpe contra (mayo 1977), 49–51
Nicaragua, 58
  financiamiento estadounidense de guerra "contra" en, 73–74, 107

Ochoa, Arnaldo, 90
  acciones corruptas de, 91–95
  Fidel Castro sobre, 92–94
Ogadén, Etiopía, región del, 81
Operación Carlota, 18, 41, 105
Operación Olivo, 57–58, 62, 107
Operación Segundo Congreso, (1985), 71
Operación Saludando Octubre (1987), 74
  Ver también Cuito Cuanavale

Organización de Mujeres Angolanas, 33
Ovimbundu, etnia (región sur-central de Angola), 38

PAIGC, 37-38, 103-4
 Ver también Guinea-Bissau
Partido Comunista de Cuba, 13
Pasajes de la guerra revolucionaria: Congo (Ernesto Che Guevara), 34
Pathfinder, editorial, 12
Período Especial (Cuba), 20, 99, 109
Playa Girón, invasión apoyada por Washington en (1961), 59, 102
Polo, *Ver* Cintra Frías, Leopoldo
Pombo: Un hombre de la guerrilla del Che (Harry Villegas), 12
Porto Amboim, Angola, 40, 43
Portugal, 15, 33, 35, 37-38, 53, 55
 obligado a conceder independencia a colonias africanas, 15, 17, 37-38, 84, 103-4
 Ver también "Revolución de los Claveles"
Punta Negra, Congo-Brazzaville, 40

Quifangondo, Angola, batalla de (noviembre 1975), 42, 105

Ramonet, Ignacio, 72
Rectificación, proceso de (abril 1986-principios de años 90), 93-94, 108-9
Regimiento para la Lucha Contra Bandas Mercenarias, 51-52
RENAMO (Resistencia Nacional Mozambicana), 84-86
"Revolución de los Claveles" (1974), 17, 37, 103-4
Río Lomba, Angola, 74
Risquet Valdés, Jorge, 33
Roberto, Holden, 38, 42
 Ver también FNLA
Rodesia (Zimbabwe), 17
Rodrigues, Deolinda, 33

Saigón, Vietnam, 17
Santa Clara, Cuba, batalla de (diciembre 1958), 11
Santo Tomé y Príncipe, 37
Saurimo, Angola, 39
Savimbi, Jonas, 19, 38, 52-53, 71, 74
 Ver también UNITA
Schueg Colás, Víctor, 43, 105
Selassie, Haile, 81, 104
Shevardnadze, Eduard, 73
Somalia, 81-82, 106
Sudáfrica, régimen del apartheid en, 30, 103
 y ataques contra Angola, 12, 15, 29, 39-44, 56, 104, 107, 109
 primera invasión derrotada (marzo 1976), 18, 45, 51
 Ver también Angola, batallas
 armas nucleares, suministradas por Washington, 72
 lucha de masas contra, 16, 29-30, 73
 Soweto, rebelión de (junio 1976), 105
 derrota del (1987-91), 13, 34, 73-80
 Ver también FNLA, RENAMO, UNITA
Sumbe, batalla de (marzo 1984), 69-70
SWAPO (Organización Popular de África Sudoccidental), 53-54, 75-77, 107, 110-11
 Ver también Namibia

Tomassevich, *Ver* Menéndez Tomassevich, Raúl
Touré, Ahmed Sékou, 35

Uíge, Angola
 Ver Carmona, Angola
Uíge, Angola, provincia de, 47, 49
Unión Soviética, 109
 armas suministradas por, 42, 63
 asesores soviéticos, discrepancias sobre estrategia con, 56-57, 67-69, 109

colapso de (1989–91), 20, 95
  y "preservación de cuadros", 59
UNITA (Unión Nacional para la Independencia Total de Angola), 19, 43–45, 49, 54, 85, 90, 104–8, 111
  y batalla de Cangamba (agosto 1983), 61–69
  y batalla de Sumbe (marzo 1984), 69–70
  Batallón Búfalo, masacres cometidas por, 53
  características de
    apoyo de Washington y Pretoria a, 29, 39, 40, 51, 57, 107
    más fuerte que FNLA, 52
    reclutamiento forzoso por, 53, 85
  civiles cubanos voluntarios atacados por, 55
  y Operación Olivo, 57–58, 62, 107
  y los ovimbundu, 38–39, 52
  y Regimiento para la Lucha Contra Bandas Mercenarias, 51–52

Verde Olivo, 23
Vietnam, 17, 103, 104
Villegas, Harry, 11–13
  Ejército Rebelde (1957–58), 11, 16
  Santa Clara, batalla de (diciembre 1958), 11
  jefe de escolta de Che Guevara (1959–60), 11
  Congo, misión internacionalista en (1965), 11–12, 16
  Bolivia, misión internacionalista en (1966–67), 12, 16–17
  jefe de Brigada de la Frontera, Guantánamo (años 70), 12
  misiones en Angola (1977–79, 1981–90), 12–13, 22
  jefe de regimiento de infantería motorizada de las FAR (1979), 56
  enlace entre puesto de mando en La Habana y Operación Olivo (1981–88), 22, 58
  Mozambique, misión internacionalista en (fines de años 80), 84–86
  responsabilidades de dirección (1990–), 13
  reconocido como Héroe de la República de Cuba (1995), 13
  Visiones de Libertad: La Habana, Washington, Pretoria y la lucha por el sur de África (1976–1991) (Piero Gleijeses), 23, 56

Waters, Mary-Alice, 23

Yara, Cuba 11, 88

Zaire, 18, 32–33, 38, 50, 61, 105–6
  y ataques contra Angola, 29, 40–41, 47–48, 104–5
  tropas expulsadas del norte de Angola (1975), 42–43
  Ver también FNLA
Zambia, 61, 71
Zhúkov, mariscal Georgy, 68–69

También de Harry Villegas, "Pombo"

Junto a Che Guevara

En dos entrevistas Villegas habla sobre luchas en las que participó a lo largo de cuatro décadas, incluyendo la misión internacionalista de 16 años en Angola que derrotó al ejército sudafricano. Describe sus experiencias luchando junto a las fuerzas antiimperialistas en el Congo en 1965, en la columna de Guevara durante la guerra revolucionaria cubana y cuando ayudó a fundar la primera escuela militar en Cuba revolucionaria. US$5. También en inglés.

Pombo: A Man of Che's *guerrilla*

(Pombo: Un hombre de la guerrilla del Che; Con Che Guevara en Bolivia, 1966–68)

Un diario y relato de la guerrilla en Bolivia dirigida por Ernesto Che Guevara. El autor, miembro del estado mayor de Che en Bolivia y luego general de brigada en las Fuerzas Armadas Revolucionarias de Cuba, dirigió a los cinco guerrilleros sobrevivientes que eludieron el cerco por parte del ejército boliviano y fuerzas de inteligencia norteamericanas. En inglés. US$25

Haciendo historia

Entrevistas con cuatro generales de las Fuerzas Armadas Revolucionarias de Cuba

Che me enseñó que "es la lucha la que decanta a sus propios dirigentes, la que marca tanto al que está dispuesto y tiene cualidades para ser dirigente, como al que no las tiene", dice Villegas en una de las entrevistas. Cuatro generales relatan lecciones de la guerra revolucionaria en Cuba. US$17. También en inglés y persa.

WWW.PATHFINDERPRESS.COM

Misiones internacionalistas

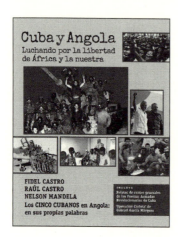

Cuba y Angola
Luchando por la libertad de África y la nuestra
FIDEL CASTRO, RAÚL CASTRO, NELSON MANDELA, GABRIEL GARCÍA MÁRQUEZ

En marzo de 1988 el régimen sudafricano del apartheid sufrió una derrota aplastante a manos de combatientes cubanos, angolanos y namibios en Angola. Aquí, dirigentes y protagonistas relatan la historia de la misión internacionalista, que también fortaleció a la Revolución Cubana. US$12. También en inglés.

¡Qué lejos hemos llegado los esclavos!
Sudáfrica y Cuba en el mundo de hoy
NELSON MANDELA, FIDEL CASTRO

Mandela y Castro, hablando juntos en Cuba en 1991, abordan el papel que ocupa en la historia africana la victoria de combatientes cubanos, angolanos y namibios contra el ejército sudafricano que había invadido Angola con apoyo de Washington. Los voluntarios internacionalistas cubanos, dijo Mandela, hicieron "una contribución a la independencia, libertad y justicia en África que no tiene paralelo".
US$10. También en inglés y persa.

De la sierra del Escambray al Congo
En la vorágine de la Revolución Cubana
VÍCTOR DREKE

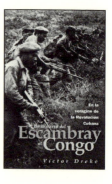

Un protagonista dirigente del movimiento revolucionario cubano por más de medio siglo habla sobre sus experiencias en 1965 como segundo al mando de la misión internacionalista en el Congo dirigida por Che Guevara. Describe el júbilo creativo del pueblo trabajador de Cuba, tanto en su país como en otros, al defender su curso revolucionario.
US$18. También en inglés.

de Cuba en el mundo

Voces desde la cárcel
Los Cinco Cubanos

Los internacionalistas cubanos Gerardo Hernández, Ramón Labañino, Antonio Guerrero, Fernando González y René González, conocidos mundialmente como los Cinco Cubanos, fueron acusados falsamente por Washington y estuvieron hasta 16 años presos. A través de las voces de sus compañeros de cárcel, de otros luchadores por la libertad y de familiares, se distingue la integridad revolucionaria, la humanidad y el sentido de humor de los Cinco. US$7. También en inglés, francés, persa y árabe.

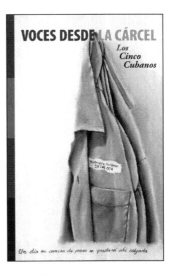

In Defense of Socialism
(En defensa del socialismo: Cuatro discursos sobre el 30 aniversario de la Revolución Cubana, 1988–89)
FIDEL CASTRO

El dirigente revolucionario describe el papel decisivo de los combatientes voluntarios cubanos en la etapa final de la guerra en Angola contra las fuerzas invasoras del régimen sudafricano del apartheid. No solo es posible lograr el progreso económico y social sin la competencia a muerte del capitalismo, dice el líder cubano, sino que el socialismo es el único camino para la humanidad. En inglés y griego.
US$15

El diario del Che en Bolivia

La crónica diaria que Guevara escribió sobre la guerrilla en Bolivia en 1966–67, un esfuerzo para forjar un movimiento revolucionario continental de trabajadores y campesinos y abrir paso a la revolución socialista en Sudamérica. Edición cubana de la Editora Política.
US$20. También en inglés.

WWW.PATHFINDERPRESS.COM

Los gobernantes de EEUU han comenzado

Tres libros para el creciente debate entre trabajadores que buscan un camino para avanzar ante la calamidad económica y social y las guerras del capitalismo mundial.

El historial antiobrero de los Clinton

Por qué Washington le teme al pueblo trabajador

Jack Barnes

Hillary Clinton calificó desdeñosamente a millones de trabajadores que rehusaban votar por ella como "deplorables" irredimibles. El ganador, Donald Trump, pretende dividir y debilitar a la clase obrera —tomando demagógicamente como blanco de ataque a mexicanos, musulmanes, sindicalistas, mujeres y otros— mientras llena los bolsillos de los patrones.

Este libro documenta la trayectoria, impulsada por el lucro, del partido del capital, tanto demócrata como republicano, en el último cuarto de siglo. Explica la ira y el extenso debate entre los trabajadores que buscan comprender y resistir los ataques de los capitalistas. US$10. También en inglés.

a temer a la clase obrera

¿Son ricos porque son inteligentes?
Clase, privilegio y aprendizaje en el capitalismo

Jack Barnes

Barnes explica las crecientes desigualdades de clase en EEUU y expone las justificaciones de una capa de profesionales bien remunerados que creen que su brillantez y formación los califica para "regular" la vida de los trabajadores porque saben lo que nos conviene.
US$10. También en inglés, francés y persa.

¿Es posible una revolución socialista en Estados Unidos?
Un debate necesario entre el pueblo trabajador

Mary-Alice Waters

Un "Sí" inequívoco es la respuesta que da Waters. Posible, pero no inevitable. Eso depende de nosotros. Al luchar por una sociedad que solo el pueblo trabajador puede crear, lo que descubriremos son nuestras propias capacidades, y no la falsa imagen de nosotros promovida por quienes se benefician de la explotación de nuestro trabajo.
US$10. También en inglés.

WWW.PATHFINDERPRESS.COM

También de Pathfinder

Malcolm X, la liberación de los negros y el camino al poder obrero
Jack Barnes

"No empecemos con los negros como nacionalidad oprimida. Empecemos con el papel de vanguardia de los trabajadores que son negros en las amplias luchas sociales y políticas de la clase trabajadora en Estados Unidos. El historial es asombroso. Es la fuerza y capacidad de resistencia, no la opresión, lo que nos deja pasmados".

—Jack Barnes

US$20. También en inglés, francés, persa, árabe y griego.

El Manifiesto Comunista
Carlos Marx y Federico Engels

Explica por qué el comunismo no es un grupo de principios preconcebidos sino la línea de marcha de la clase obrera hacia el poder, que surge de "las condiciones reales de una lucha de clases existente, de un movimiento histórico que se desarrolla ante nuestros ojos". El documento de fundación del movimiento obrero revolucionario moderno. US$5. También en inglés, francés, persa y árabe.

Somos herederos de las revoluciones del mundo
Discursos de la revolución de Burkina Faso, 1983–87
Thomas Sankara

Los campesinos y trabajadores de este país en África Occidental crearon un gobierno popular revolucionario y comenzaron a combatir el hambre, el analfabetismo y el atraso económico impuesto por la dominación imperialista, así como la opresión de la mujer heredada de siglos de sociedad de clases. Cinco discursos del dirigente de esta revolución. US$10. También en inglés, francés y persa.

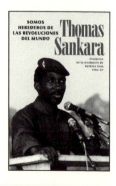

El imperialismo norteamericano ha perdido la Guerra Fría
Jack Barnes

Al contrario de las expectativas de Washington tras la caída de los regímenes que se decían comunistas en los países de Europa oriental y la URSS, la Revolución Cubana no siguió ese rumbo. El pueblo trabajador cubano y su dirección, a pesar de décadas de guerra económica imperialista, ha seguido mostrando al mundo lo que significa una revolución socialista. En *Nueva Internacional* no. 5. US$15. También en inglés, francés, persa y griego.

Los cosméticos, las modas y la explotación de la mujer
Joseph Hansen, Evelyn Reed, Mary-Alice Waters

Sobre cómo los capitalistas aprovechan la condición de segunda clase de la mujer y sus inseguridades económicas para promover los cosméticos y sacar ganancias. Explica cómo el ingreso de millones de mujeres a la fuerza laboral ha cambiado irreversiblemente, y de forma positiva, las relaciones entre las mujeres y los hombres. US$15. También en inglés y persa.

Puerto Rico: La independencia es una necesidad
Rafael Cancel Miranda

Este dirigente independentista puertorriqueño —uno de los cinco encarcelados por Washington por más de 25 años, hasta 1979— habla sobre la realidad brutal del coloniaje norteamericano, la campaña para liberar a los presos políticos puertorriqueños, el ejemplo de la revolución socialista cubana y la lucha actual por la independencia. US$6. También en inglés y persa.

WWW.PATHFINDERPRESS.COM

PATHFINDER EN EL MUNDO

Visite nuestro sitio web para una lista completa de títulos y hacer pedidos

www.pathfinderpress.com

DISTRIBUIDORES DE PATHFINDER

ESTADOS UNIDOS
(y América Latina, el Caribe y el este de Asia)
    Libros Pathfinder, 306 West 37th St., 13° piso
    Nueva York, NY 10018

CANADÁ
    Libros Pathfinder, 7107 St. Denis, suite 204
    Montreal, QC, H2S 2S5

REINO UNIDO
(y Europa, África, Oriente Medio y el sur de Asia)
    Pathfinder Books, 83 Kingsland High Street, 2° piso
    Dalston, Londres, E8 2PB

AUSTRALIA
(y el sureste de Asia y Oceanía)
    Pathfinder, 1er nivel, 3/281–287 Beamish St., Campsie, NSW 2194
    Dirección Postal: P.O. Box 164, Campsie, NSW 2194

NUEVA ZELANDA
    Pathfinder, 188a Onehunga Mall, Onehunga, Auckland 1061
    Dirección Postal: P.O. Box 3025, Auckland 1140

Afíliese al Club de Lectores de Pathfinder
para obtener un 15% de descuento en todos los títulos de la Pathfinder y mayores descuentos en ofertas especiales. Inscríbase en www.pathfinderpress.com o a través de los distribuidores listados arriba.
US$10 al año